浙江司法改革的实践与创新

蒲一苇　陈佳强　著

浙江工商大學出版社
ZHEJIANG GONGSHANG UNIVERSITY PRESS

图书在版编目(CIP)数据

浙江司法改革的实践与创新 / 蒲一苇，陈佳强著. —杭州：浙江工商大学出版社，2016.1(2017.3 重印)
(法治浙江丛书)
ISBN 978-7-5178-1459-7

Ⅰ. ①浙… Ⅱ. ①蒲… ②陈… Ⅲ. ①司法制度—体制改革—研究—浙江省 Ⅳ. ①D927.550.64

中国版本图书馆 CIP 数据核字(2015)第 306100 号

浙江司法改革的实践与创新
蒲一苇　陈佳强 著

出 品 人　鲍观明
责任编辑　刘　韵
封面设计　许寅华
责任印制　包建辉
出版发行　浙江工商大学出版社
(杭州市教工路 198 号　邮政编码 310012)
(E-mail:zjgsupress@163.com)
(网址:http://www.zjgsupress.com)
电话:0571-88904980,88831806(传真)
排　　版　杭州朝曦图文设计有限公司
印　　刷　虎彩印艺股份有限公司
开　　本　880mm×1230mm　1/32
印　　张　5.25
字　　数　140 千
版 印 次　2016 年 1 月第 1 版　2017 年 3 月第 2 次印刷
书　　号　ISBN 978-7-5178-1459-7
定　　价　28.00 元

浙江工商大学出版社营销部邮购电话　0571-88904970

《“法治浙江”丛书》编委会

序　言

党的十八届四中全会通过的《关于全面推进依法治国若干问题的决定》明确提出全面推进依法治国的总目标，即建设中国特色社会主义法治体系，建设社会主义法治国家。习近平总书记指出："提出这个总目标，既明确了全面推进依法治国的性质和方向，又突出了全面推进依法治国的工作重点和总抓手。"法治成为政府治理、国家治理、社会治理的根本手段，同时法治又是人类共同追求的崇高理想目标。

中外历史经验表明，在国家法治建设的进程中，难免会遭遇种种困难，理论的争锋、观念的冲突、旧制度的阻挡，以及利益的再分配，都会使法治建设的推进不是一条坦途大道。推行法治者不但需要义无反顾的壮烈情怀，还需要一往无前的探索勇气。

苏力教授在《法治及其本土资源》一书中说："真正能得到有效贯彻执行的法律恰恰是那些与通行的习惯、惯例相一致或相近的规定。"确实，实现法治的基本要求便是法律的有效执行，要使其融入民众的生活，就必须充分利用本土资源。这便是说，法治之路离不开地方性的探索与实践。

浙江是改革开放的先行者和排头兵，是中国经济社会发展最具有活力的省份之一，而且在法治建设方面浙江也一直敢立潮头，勇于实践。

2003年8月起，在时任省委书记习近平的推动下，浙江省实行领导干部下访制度，变群众上访为领导下访，成为"法治浙江"建设的重要载体。2005年，省委十一届九次全会，通过《中共浙江省委关于制定浙江省国民经济和社会发展第十一个五年规划的建议》，明确提出要"以推进'法治浙江'建设为载体，努力建设民主健全、法治完备、公共权力运行规范、公民权利切实保障的法治社会”。2006 年，省委十一届十次全体（扩大）会议，又审议通过《中共浙江省委关于建设“法治浙江”的决定》。会议指出，省委提出并推进“法治浙江”建设，是根据中央的决策部署，对浙江现代化建设总体布局的进一步完善。2014 年 12 月 4 日，省委十三届六次全会通过了《关于全面深化法治浙江建设的决定》，浙江进入了法治建设的快车道。

自习近平同志在浙江省提出“法治建设”决策近 10 年来，全省各地、各部门扎实推进“法治浙江”建设，依法执政水平明显提高，科学立法、严格执法、公正司法、全民守法等各方面均取得显著成效，走出了一条经济发达地区法治先行先试的新路子。今天，站在新的历史起点上，面对新的形势任务，浙江人民在浙江省委的领导下，乘势而上，浙江省委就全面深化“法治浙江”建设做出新的部署，明确了“路线图”，确定了“时间表”，全面推进“法治浙江”建设正向纵深发展。

宁波大学法学院的老师们受浙江省社会科学界联合会的委托，着手撰写“‘法治浙江’丛书”，旨在探寻“法治浙江”建设的曲折历程，展示“法治浙江”建设的丰富内容，揭示“法治浙江”建设的基本规律，总结“法治浙江”建设的成功经验与发展障碍，谋划“法治浙江”建设的新思路、新方案、新路径。

经过近一年酝酿策划、调研讨论和分工撰写，代表这一研究成果的十一个课题成果以丛书形式呈献给读者。相信这套丛书的出版，能让全国乃至世界了解“法治浙江”建设成果，同时也希望能够引起浙江乃至全国法学界、法律界人士总结“法治浙江”的经验，思考“法治浙江”的未来趋势，与我们一起共同把这一个课题做得更好、更深。

是为序。

沈满洪

2015 年 11 月 5 日

注：作者为宁波大学校长

前 言

司法制度不仅是法治体系的重要组成部分,更是衡量法治发展水平的重要标尺。司法权在维护社会稳定、调节社会关系、实现公平正义方面具有无可替代的作用。只有建立符合社会经济发展要求的司法制度,国家治理体系才可能体现法治的要求,法治中国的梦想才能实现。

改革开放以来,中国经济社会快速发展,社会公众的法治意识显著增强,各种矛盾和问题集中出现,司法环境发生深刻变化,司法工作遇到许多新情况、新问题,现行司法体制和工作机制中存在的不完善、不适应问题日益凸显,需要在改革中逐步完善和发展。早在 20 世纪 80 年代,中国就开始了以强化庭审功能、扩大审判公开、加强律师辩护等为重点内容的审判方式改革和司法职业化改革。伴随着 30 多年改革开放的伟大历史进程,以“公正与效率”为基本取向的中国司法改革波澜壮阔,蓬勃开展。从党的十五大提出“推进司法改革”,到党的十六大提出“推进司法体制改革”,以及党的十七大进而做出“深化司法体制改革”的重大战略部署,中国的司法改革从民众反映强烈的突出问题和影响司法公正的关键环节入手,确立了“建设公正高效权威的社会主义司法制度”的总体目标,按照公正司法和严格执法的要求,从以审判方式改革为主导逐步深入体制性的改革,取得了历史性的进步,深刻地推动了我国社会主义司法制度的自我完善与发展。随着经济社会的不断进步与发展,中国的司法改革也将进一步深入推进。

浙江是全国改革开放的先行地区,在 30 多年的发展历程中,全省人民锐意进取,务实创新,走出了一条具有浙江特色的发展之路,取得了令人瞩目的巨大成就,由资源小省跃升成为全国的经济大省，实现了从基本温饱向总体小康的历史性跨越，成为中国经济增长最快、发展活力最强的省份之一，创造了“浙江奇迹”。与此相应，在依法治国的前进轨道里，浙江积极、稳妥、务实地推进司法体制和工作机制改革，以维护司法公正为目标，以优化司法职权配置、提高司法能力、践行司法为民为重点，确立了“八项司法”的工作思路，把改革的力度与社会的可承受度统一起来，在确保社会大局稳定的前提下依法有序推进改革，为经济发展和社会和谐稳定提供了有力的司法保障。

浙江司法改革的发展历程，是建设中国特色社会主义司法制度在浙江的生动实践。在过去几十年的司法改革过程中，浙江始终坚持立足实际、遵循司法规律、顺应时代特征、体现浙江特点，强调用法治思维和法治方式深化改革、推动发展、化解矛盾、维护稳定，针对不同时期面临的不同形势，采取了一系列卓有成效的改革举措，创新破产案件审理模式、帮扶中小微企业、加强司法建议、推行阳光司法、开展司法网拍、推进法院信息化建设、尝试电子商务网上法庭等等，在许多方面走在全国前列，在风生水起的改革大潮中竖起了一面旗帜。

应该指出的是，司法改革是一项任重而道远的宏图大业。任何一项改革任务都需要实践的长期探索、积累和不断完善。我国的司法改革采取的是自上而下、循序渐进、分步推进的路径和方法，因而浙江的司法改革实践具有鲜明的时代烙印，呈现阶段性的特点。当前，随着十八届四中全会“全面推进依法治国”方略的提出，新一轮司法体制改革正在深入推进，规模更大，任务更重。面对这一前所未有的历史机遇，浙江的司法改革必将一如既往地坚持与时俱进，冲破思想观念的障碍，遵循科学的司法规律，体现人民群众的司法需求，为建设法治浙江、法治中国做出贡献。

目　录

第一章　职能延伸:能动司法的实践和创新

我国的司法制度是中国特色社会主义制度的重要组成部分,是中国特色社会主义事业的司法保障。司法机关担负着巩固共产党执政地位、保障人民安居乐业、服务经济社会发展的神圣使命,必须坚持以满足人民群众的司法需求为根本出发点,关注和回应社会需要。为发挥司法的保障功能,浙江法院积极克服对法院工作"被动性""消极性"的片面理解,确立司法能动的理念,延伸审判职能,加强金融危机冲击下的司法应对,积极参与社会综合治理,充分发挥司法建议的作用,为社会、经济的平稳发展提供保障。能动性司法,成为浙江法治建设中一道亮丽的风景。

第一节　回应社会需求:能动司法的理念和内涵

在经济社会发展进程中,司法应担当怎样的角色,承担怎样的责任,这个问题不仅关系到司法自身的发展,也关系到法治发展的未来前景。对这一命题,在传统司法哲学上,存在着司法克制主义和司法能动主义两种不同的立场和主张。司法克制主义强调司法的被动性,要求法官在司法过程中严格地执行法律的意志,尽可能不掺入法官个人的信仰和倾向;而司法能动主义则注重司法的主动性,认为法官有义务为各种社会不公提供司法救济,应采取积极灵活的态度,创造性地适用法律。

司法能动主义可溯源至美国的司法审查制度。[①] 20 世纪 60

---

① 美国在 1803 年的马伯里诉麦迪逊案中确立了违宪审查制度,充分体现了司法的能动性。

年代，美国最高法院在动荡的社会矛盾中主动承担了社会工程师的角色，通过判决的方式对少数民族的受教育权、公民善良违法等宪法权利确立了普遍原则。尽管与传统的司法被动理念相对立，但作为司法精英推动社会进步的一种方式，司法能动主义在美国和其他西方国家仍然具有很强的生命力。[①] 2009年，针对新时期人民法院工作面临的形势和任务，最高人民法院院长王胜俊在宁夏、河北、江苏等地调研时明确提出了“能动司法”的理念，由此引发了关于我国能动司法理念的热烈讨论，是能动司法还是恪守司法克制，是积极司法还是消极司法，法学界和实务界对此一直争议不断。经过深入的探讨和论证，司法界逐渐统一了认识，形成了关于我国能动司法理念和内涵的基本看法。

首先，司法的能动性和被动性是司法公正得以达成的必不可少的两个方面。司法的被动性主要是针对司法程序而言的，通过遵循法定的程序以及尊重当事人的处分权等方式对法官的自由裁量权进行限制；而司法的能动性则主要针对司法的实体运用而言，赋予法官在事实判断和法律适用方面一定的权限，以最大限度地实现社会正义。尽管理念上存在差异，但不可否认的是，司法能动性和克制性并不存在绝对的矛盾，而是实现司法公正的两个必不可少的条件。二者犹如一个硬币的两面，有机地结合在司法活动中，在相互矛盾中实现一种动态的平衡。任何文化背景下的任何国家的司法都具有能动性，这是由双方活动的实践性质、司法权的内在属性、法律的局限性决定的。能动与克制的区别更多只是一个程度不一而非性质不同的问题。[②] 作为矛盾体的两个方面，必然有一方会占据主导地位，成为矛盾的主要方面，这取决于特定的历史条件和社会背景。

其次，能动司法的理念在我国具有更为突出的必要性和现实

---

① 信春鹰：《中国是否需要司法能动主义》，http://old.chinacourt.org/html/article/200210/18/14364.shtml，发布时间：2002年10月18日。

② 齐奇：《统筹“八项司法”，服务科学发展》，《人民司法》2009年第15期。

意义。当前我国正处于社会转型时期,社会主体之间的利益矛盾加剧,社会秩序面临着严重的危机,经济社会的变革和快速发展带来了对法律的巨大需求,同时也对司法提出了严峻挑战,要求我国的司法必须具有权利保障、政策形成、纠纷解决等多种功能。在特定的社会发展时期,能动司法不仅有助于社会秩序的重构,而且有助于新型权益的生成和维护,以及司法公正和效率的实现。① 在构建和谐社会的大背景下,能动司法的理念就是要求人民法院通过延伸审判职能,最大限度地减少不和谐的因素,通过有效解决社会矛盾纠纷,促进社会发展,来实现社会公平正义。人民法院在司法过程中应当增强大局意识,在遵循法律原则、尊重司法自身规律的同时,通过审判以及司法主导的各种替代纠纷解决方法,有效解决社会各种复杂的纠纷和案件,实现司法的政治效果、社会效果和法律效果的统一。②

最后,我国能动司法的内涵与西方的司法能动主义不同。我国的能动司法必须坚持党的领导,坚持司法的政治性、人民性和法律性的统一,这是由我国的国体决定的,也是由我国社会主义初级阶段的长期性所决定的。③ 美国的司法能动主义主要是指法官通过对法律进行创造性的解释而做出裁判,以适应社会变化,其核心内涵是“法官造法”。而我国的能动司法更关注审判方式和工作作风的改革,强调的是法院和法官如何积极履行职责,发挥司法的主观能动性,满足人民群众的司法需求,为经济社会的健康发展服务。具体来说,我国的能动司法有开展司法调研、参与社会治理、预防矛盾纠纷的职能,而西方司法能动主义没有相应的职能。

概括而言,我国的能动司法具有服务性、主动性、高效性三个

---

① 王建国:《社会转型过程中的司法能动论》,《金陵法律评论》2008 年第 4 期。

② 苏力:《关于能动司法》,《法律适用》2010 年第 Z1 期。

③ 齐奇:《统筹“八项司法”,服务科学发展》,《人民司法》2009 年第 15 期。

显著特征，其内涵体现为三个方面：(1)能动司法是“服务型司法”，即人民法院必须紧紧围绕服务经济发展、维护社会稳定、促进社会和谐、保障人民权益的要求，积极运用政策考量、利益平衡、和谐司法等司法方式履行司法审判职责；(2)能动司法是“主动型司法”，人民法院必须主动开展调查研究，认真分析研判形势，主动回应社会司法需求，切实加强改进工作，主动延伸审判职能，积极参与社会治理，主动沟通协调，努力形成工作合力；(3)能动司法是“高效型司法”，人民法院必须根据经济社会发展要求，未雨绸缪，超前谋划，提前应对，努力把矛盾纠纷解决在萌芽状态。①

总之，准确把握司法运行的规律，全面研究经济社会发展的现实状况以及人民群众在各个时期的需求和期待，适时制定具有前瞻性的司法决策，并以之指导司法实践，是我国能动司法的本质属性。② 近年来，浙江法院立足于当地经济社会发展实际，以能动的态势把握研判新形势，有近 90％的法院出台了相应的司法应对措施。浙江省高院累计 100 多次以《要情专报》的形式向最高人民法院、浙江省委及时报送重大审判情况、建言献策。浙江法院能动司法的实践，为促进全省经济平稳较快发展和社会稳定和谐做出了贡献，得到了最高人民法院以及浙江省委、省人大、省政府的高度肯定，社会各界也给予了较高评价。

主动服务经济社会发展，越是在发展遇到困难的时候，越要发挥审判职能作用，这是近年来浙江法院有作为、有地位的成功经验。③

---

① 王胜俊：《坚持能动司法，切实服务大局》，2009 年 8 月 28 日在江苏省高级人民法院调研座谈会上的讲话。

② 孙涛：《能动司法是司法运行规律的本质所在》，《人民法院报》2009 年 9 月 1 日。

③ 《深化上下功夫　巩固中求拓展》，浙江省高院院长齐奇 2012 年 1 月 5 日在全省法院院长会议上的讲话。

第二节　应对金融危机，保障社会经济平稳发展

2008 年国际金融危机爆发，对经济社会的发展产生了巨大影响，也对人民法院的司法活动提出更高的要求。浙江法院密切关注社会经济形势反映到司法层面的变化发展态势，发挥司法的能动性，运用审判职能积极应对，妥善处理了一大批因金融危机和国内外经济社会变化引发的案件，形成了一些具有浙江特色的做法，为保障浙江经济的平稳发展提供了有力的司法保障。

一、出台文件，及时制定司法政策指引

浙江改革开放起步比较早，市场化程度比较高，民营企业比重大，外贸出口依存度高，对市场反应比较灵敏。2008 年以来，受经济宏观调控措施、国际金融危机的影响，一些主要经济指标回落，经济下行压力加大，经济形势十分严峻。经济运行中出现的问题和困难转化为各类案件进入司法领域。针对金融危机所引发的社会经济中的新情况、新问题，浙江省高院及时出台了一系列司法文件和司法意见，为妥善处理各类金融以及涉企纠纷案件提供司法政策指引，努力实现法律效果与社会效果的统一。

2008 年 4 月，浙江省高院在分析当年一季度收案形势及其隐含的经济发展动向的基础上，向省委做了《关于运用审判职能，切实贯彻省委"防止我省经济下滑"指示精神的专题报告》，提出了相应的司法政策；针对金融危机引发企业融资借贷类纠纷高发的情况，浙江省高院及时提出涉及民间借贷、企业间借贷合同、金融机构借款合同等纠纷案件突出问题的处理意见，发布典型案例，保障企业的生存和发展；针对企业资金链断裂引发大量纠纷的状况，于 2008 年先后发布了《关于资金链断裂引发企业债务重大案件的集中管辖问题的通知》《关于目前办理集资类刑事案件适用法律若干问题的会议纪要》等文件；2008 年底，针对全省经济下滑趋势更加明显，金融危机的影响更为深重的形势，浙江省高院从司法层面对

2009 年的涉案态势进行了预测，在此基础上出台了《关于充分发挥司法职能保障经济平稳较快发展的指导意见》。

这些司法文件的精神，对浙江各级法院在应对金融危机背景下的司法工作提出了具体要求，即通过调解、和解、司法重整等手段，做到三个“尽可能”：尽可能维持有市场、有发展前景的困难企业、劳动密集型中小企业的生存，尽可能减少有挽救希望的企业关门倒闭，尽可能支持优势企业以兼并、重组、控股等方式延伸产业链、增强核心竞争力。① 这三个“尽可能”已经成为全省法院“办案常识”。

二、司法帮扶，助力中小微企业的发展

浙江有 260 万家中小企业，占浙江在册企业总数的 99%，是全省经济发展的重要力量和优势所在。2008 年金融危机以来，以外向型为主的浙江企业经济遭遇严峻挑战，原材料价格上涨，劳动力成本上升，特别是融资难的问题，使得中小微企业举步维艰，一些企业经营陷入困境。温州等地的中小企业停工、倒闭、老板跑路时有发生，引起广泛的关注。针对这些情况，浙江省高院专门增设《涉企信息专报》，畅通企业涉诉情况的信息报送，及时了解各地中小企业运行中的异常情况，强化帮扶中小企业的司法应对工作。2010 年 3 月 12 日，浙江省高院院长齐奇在十一届全国人大三次会议的专题发言中，呼吁要关注当前中小微企业发展面临的困难，更加重视依法保障中小微企业的发展，并就转变司法理念作风、推进金融创新、缓解中小微企业融资难等七个方面的问题提出了具体意见。

2010 年 5 月，针对中小微企业在宏观经济环境趋紧中所面临的融资难、担保难、用工难、投资难等突出问题，浙江省高院下发了《关于为中小微企业创业创新发展提供司法保障的指导意见》，在

① 齐奇：《统筹“八项司法”，服务科学发展》，《人民司法》2009 年第 15 期。

民商事审判中倡导“银企合作”理念，在全国法院率先认可企业之间自有资金临时调剂的合同效力，积极支持具有浙江特色的企业“抱团担保、增信”、小额贷款公司、村镇银行和民间新型合法放贷等金融创新举措，从司法上为中小企业发展突破瓶颈，被媒体和学者称为“在中国开了先河，以司法保障为浙江中小企业在后金融危机中护航”。

在省高院的部署和带动下，金华、舟山、绍兴、宁波等各地法院立足当地经济社会发展实际，总结当地中小微企业特点，积极出台应对措施，探索形式多样的司法保障举措。比如金华中院结合当地经济发展特点，出台了司法帮扶危困企业、推进中小微企业司法保障工作的规范性文件。宁波中院规定在案件执行中，对涉及鼓励农民、城镇居民、高校毕业生和科技人员创业投资等5类案件，尽量不轻易冻结账户、不轻易查封账册、不轻易扣押财产，最大限度帮助企业渡过难关。温州中院制定涉企债务纠纷立案审查应对措施，分级评估风险，分类处置案件，增强涉企债务纠纷处置工作的统一性。

各地法院坚持贯彻“三个尽可能”的司法政策，对涉案的中小微企业进行差异化处置，即“能活的”依法帮扶，“当死的”有序退出。一方面，对有市场、有前景的涉案中小微企业，积极帮扶它们调解纠纷、维持生产、渡过难关，依法保障有订单和用工较多的企业的有效生产力，防止因司法不当给企业的生产经营活动造成影响；另一方面，积极探索简易的破产办法，引导可淘汰的中小微企业走市场化破产的道路，尤其是一些高污染、高能耗的落后企业，尽可能实现有效资产的重整和再分配。

此外，各地法院积极倡导和支持“银企合作”，缓解中小微企业融资难的问题。比如，宁波市江北区法院积极助力工商部门推行城乡小额贷款保证保险业务。为解决中小微企业融资难题，江北民营企业协会与中信银行合作，利用工商监管网络体系和法院涉诉查询系统对借款企业资信、涉诉情况进行贷前调查，以民营企业会员单位为贷款对象，无须抵押和担保，一般9天即可放贷。受民营企业协会委托，法院参与信用贷款业务，委派专人进行贷前涉诉情况调查。2011 年，银行共为 37 家企业融资 6000 万元，无一起不良贷款发生。受惠于这项政策，宁波万代冲床公司由于产品科技含量高、发展态势好，法院也提供了无不良诉讼记录的回函，使其于 2010 年 10 月轻松获得保证保险贷款 100 万元，为帮助该公司开发新产品，其后又追加了 200 万元贷款。该公司得以快速成长，年产值达到 2000 万元，获得 7 项国家专利。

一直关注浙江司法动态的浙江省商法学研究会会长钱弘道说："在走向法治浙江的转型期，中小企业发展的司法保障，是道非常好的题目，法院在促进弱公民社会向强公民社会的法治进程中发挥主导作用，充分体现了司法机关的高度责任感和法治远见。"①

三、解困救危，创新涉企债务案件的审理模式

在金融危机的影响下，一些企业出现资金链断裂，因债务纠纷、劳资纠纷而引发的群体上访、堵截交通等群体性事件多发。特别是涉企债务重点案件，往往案情复杂、影响面广，牵涉到危机处置、资产管理以及破产重组等一系列社会问题。为妥善处理涉企债务案件，浙江法院积极完善工作机制，根据浙江省高院 2008 年 10 月下发的《关于资金链断裂引发企业债务重大案件的集中管辖问题的通知》，探索在全省建立重点涉企案件集中管辖制度，先后指定相关中级人民法院集中管辖涉及台州的飞跃集团、中汽雷克萨斯汽车销售公司、德仁集团，绍兴的江龙控股、纵横集团，丽水的银泰集团，杭州的华伦集团、天松集团，舟山的和润集团等企业债务的重大案件，并确定专门部门和专人密切关注集中管辖案件的审理动态，为涉诉行业龙头企业维持和恢复正常经营创造条件，尽量避免资金链断裂引发的区域性系统风险。

在这些集中管辖的涉企债务案件的审理中，浙江法院根据涉

---

① 《"浙江制造"的司法守夜人——浙江法院依法保障中小企业创业创新纪实》，《人民法院报》2010 年 11 月 19 日。

案企业的不同情况,通过司法主导进行破产重整重组,形成了适应不同类型涉企债务案件的新型审理模式,超过半数的案件都重组重整成功或者取得重大进展,显示了浙江法院能动司法的独特功能和价值。①

(一)杭州南望集团的"司法重整式"

南望信息产业集团有限公司(简称"南望集团")是全国十佳专利企业,曾经连续五年位列全国软件百强企业名单,市场占有率一度列国内同行业榜首。2008 年 5 月,南望集团因资金链断裂引发严重债务危机,累计负债高达 23 亿元,多家银行和其他债权人纷纷起诉。浙江省高院及时向省委报告了南望集团的情况,提出可适用司法以重整挽救的建议。杭州中院受理破产重整申请后,引导重整清算小组确定了"业主保留、原股权清零、债转股"的重整思路,并形成重整计划。其主要方案是:对有财产担保的债权进行优先清偿,以合理价格向选择债转股的债权人转让南望集团的全部股权,债权人可以自行选择是否债转股,未选择的由新组建的南望集团限时进行偿付。南望集团系列案在无战略投资者介入重整的情况下,依靠自身债转股的形式来化解债务困境实现重整,是在司法主导下以破产重整方式化解企业资金链断裂风险的一个范本。

(二)绍兴江龙集团"清偿重组式"

江龙集团系列案是浙江以清偿重组方式解救困境企业的第一例。浙江江龙控股集团有限公司(简称"江龙集团")作为国内最大特宽幅印花生产基地,是绍兴印染行业龙头企业,下属 10 多家具有控股或投资关系的关联公司。由于盲目投资导致资金链断裂,各关联公司相继停产,总负债达 25 亿多元。绍兴中院集中管辖此批案件后,确定了"依法确认债权,拍卖企业资产,依法平等清偿,实现资产重组"的思路。一是通过两种方式确认清偿债权:对未设

---

① 材料来源:浙江省高级人民法院调研报告《涉诉企业解困的司法应对》(浙江省法院 2009 年重点调研课题)。

定抵押的银行债权，由政府协调担保企业或重组企业偿还并给予政策支持；其他债权则通过诉讼程序进行确认和清偿，有抵押担保的优先清偿，无抵押担保的在执行程序中按比例平等受偿。在当地政府的协调下，仅用40余天就完成了全部1300余件案件的确权清偿。二是对江龙集团的四块实体进行打包拍卖，并由竞拍企业完成资产重组和恢复生产。

（三）台州飞跃集团“协助重整式”

飞跃集团系列案是对企业严重资不抵债、自身重组困难、需借助外力介入重组的典型范例，其重组过程对民营企业应对金融危机具有样本意义。飞跃集团有限公司（简称“飞跃集团”）是国内缝制设备行业龙头企业和国际知名品牌企业，由于企业过度扩张等原因发生资金链断裂，债务总额达20多亿元，多家法院受理了相关案件。台州法院经省高院指定集中管辖其中18件债务纠纷案件和2件执行案件，涉案金额近3亿元。鉴于飞跃集团尚未停止生产，台州中院确定“慎用强制措施、协助政府重组”的思路，多次召开和参加政府召开的债权人会议、重组协调会，经多方协调，所有的债权人都同意解除保全措施，并积极促成67%的案件以调解、撤诉方式结案，保障重组顺利进行。2009年1月，在当地质优企业星星集团介入下，飞跃集团核心业务重组成功，负债率降到55%左右，既保护了债权人利益，又保住了企业生产能力。

（四）绍兴艾尔派克公司“协调解困式”

艾尔派克公司系列案是对生产经营形势较好、陷于资金困境且能短期解决的中小企业进行解困的一个成功范例。浙江艾尔派克包装材料有限公司（简称“艾尔派克公司”）是一家生产新型包装材料的合资企业，为三星等著名企业提供产品包装，市场前景广阔。受集中还贷等原因影响发生资金链断裂的状况，涉及11件案件，金额达5600多万元。越城法院经绍兴中院指定集中管辖该公司案件后，确定了“调解为主、保障经营”的思路，采取“分类甄别、示范调解”的处理方式，运用协调手段给企业缓冲期，使之渡过难关,保障企业正常发展。具体做法是:全部财产保全措施均不影响企业正常生产经营,确保企业生产稳定;将债权人分为不同类别,确定调解方案;将原告为中国银行的借款合同纠纷案件作为示范个案优先调解,对个别债务适度减免,分类化解矛盾,最终调解成功。

浙江各地法院在处理涉企债务案件的过程中,还有许多成功的范例,比如,宁波市中院通过暂缓破产程序、招商引资接盘等举措,促使负债达7亿多元的宁波百联工业技术有限公司重组成功;宁波市北仑法院通过引进战略投资人,先后盘活了"中纬积体""华辰君临""洁贝尔"等多家企业。总之,浙江各地法院在涉企债务案件的处理中,采取灵活的司法手段,探索出了许多行之有效的举措,走出了具有浙江特点、符合市场经济规律、兼顾各方利益的新路径,其共同的经验包括:

其一,合力化解敏感案件,突出一个"和"字。落实"调解优先"原则,建立党委领导、政府主导、多方合作的协调机制,充分调动各种资源形成合力,及时化解涉及职工安置、重组协调、政策扶持等的重大问题。对重点涉企案件,特别是可能影响社会稳定的案件,及时将审理中遇到的困难向党委汇报、与政府沟通,做好稳控和矛盾化解工作。

其二,重点维护企业稳定经营,突出一个"活"字。对陷入资金链断裂困境但有恢复生产能力,或有市场前景的企业,积极进行挽救,依靠党委和政府,灵活采取多种措施,促使企业实现重组、重整,帮助企业解困,保持企业持续发展。

其三,充分保障弱势群体利益,突出一个"稳"字。维持企业的发展,是对债权人和企业职工利益的最大保障。各级法院采取"以调促稳、多方协调"的思路,积极与政府协调解决职工安置、工资等问题,在实践中逐渐摸索出了以"建议政府垫资、职工出面起诉、法院查封财产、政府派员看管、法院快审快结、优先归还政府"为主要内容的处置职工讨薪事件的应急处理模式,化解了一大批企业无力支付工资可能诱发的群体性事件,有效保护了农民工和职工群体的利益,维护了社会稳定。

第三节　加强司法建议，为经济社会发展建言献策

司法建议是人民法院能动司法，积极延伸审判职能，主动参与社会管理的重要渠道。近年来，全国法院都较为重视司法建议这项工作，多地法院将其作为年度报告的工作亮点，浙江法院也不例外。

一、司法建议的价值功能

根据最高人民法院2012年3月发布的《关于加强司法建议工作的意见》，司法建议具有三个方面的价值功能。

(一)是预防和减少纠纷的重要方式

司法建议是法律赋予人民法院的重要职责，是人民法院工作的重要组成部分，是充分发挥审判职能作用的重要方式。最高法院要求各级人民法院要准确把握国内外形势的新变化、新特点，牢牢抓住科学发展这个主题，紧紧围绕加快转变经济发展方式这条主线，在狠抓执法办案第一要务的同时，依法履行好司法建议职责，积极促进有关单位科学决策、完善管理、消除隐患、改进工作、规范行为，不断提高科学管理水平，预防和减少社会矛盾纠纷。

(二)是坚持能动司法，依法延伸审判职能的重要途径

司法建议是人民法院坚持能动司法，依法延伸审判职能的重要途径。我国正处于经济社会发展的重要战略机遇期和社会矛盾凸显期，站在新起点，面对新形势，人民法院在充分发挥审判职能作用的同时，应当更加重视运用司法建议，通过延伸审判职能，积极践行“为大局服务，为人民司法”的工作主题，促进经济社会发展，切实维护社会和谐稳定。

(三)是推进三项重点工作，提升司法能力和司法公信的重要手段

司法建议是人民法院深入推进三项重点工作，提升司法能力

和司法公信力的重要手段。所以，最高法院要求各级法院要高度重视和充分运用司法建议来扩展审判效果，以司法建议作为化解社会矛盾、创新社会管理的重要切入点和有效方法，充分发挥司法建议在维护社会和谐稳定、推动社会建设中的重要作用，不断提升人民法院化解社会矛盾和参与社会管理创新的能力和水平，努力维护司法权威，提高司法公信力。

二、需要发送司法建议的常见情形

司法实践中，需要发送司法建议的情况是多种多样的，根据相关规定，对审判执行工作中发现的下列问题，人民法院可以向相关党政机关、企事业单位、社会团体及其他组织提出司法建议：

1. 涉及经济社会发展重大问题，需要相关方面积极加以应对的。如：针对近年来担保公司的蓬勃兴起，涉及担保公司的案件呈爆炸式增长，且这类案件缺席判决多、执行难，一些担保公司雇请社会闲散人员追讨欠款，治安隐患丛生的情况，福建省龙岩市中级人民法院向有关单位发送担保公司运行情况调研报告。同时，针对部分市人大代表建议成立“民间借贷服务中心”等问题，龙岩中院围绕明确准入审批主体、厘清监管职责承担、提供贷款风险警示等八个方面提出司法建议，得到当地市政府的积极回应。①

2. 相关行业或者部门工作中存在的普遍性问题，需要有关单位采取措施的。如：上海市浦东区人民法院发现，关于开除学籍的规定有不尽合理之处。由于未成年人普遍具有身心发育不成熟、缺少社会经验、认知程度低、自控能力差等特点，在我国未成年人刑事案件司法实践中，必须始终坚持“教育为主、惩罚为辅”的原则和“教育、感化、挽救”相结合的基本政策。于是，浦东法院向上海市教育部门发出司法建议。该司法建议发出后，市教育主管部门给予高度重视，专门发函至法院，表示将根据法院的建议，对上述

---

① 材料来源：何晓慧、张丽姑：《三步预警社会风险——福建龙岩法院提出司法建议参与社会管理》，《人民法院报》2013 年 3 月 28 日。

第三十二条做适当修改，同时加强对中等职业教育管理学生工作的监督，坚决杜绝随意开除学生现象。通过预防性的司法建议，学生正当合法权益得到最大限度保护。①

3. 相关单位的规章制度、工作管理中存在严重漏洞或者重大风险的。如：2013 年 3 月，陕西省蓝田县法院在一起因未成年人溺水事故起诉县水务局、县河道管理处生命权纠纷一案的审理中，发现水务局、河道管理处对其管辖的河道没有尽到谨慎看护义务，未设置防护和警示标志，遂向这两个单位发送司法建议，建议其在隐患突出的重点水域、部位设置安全警示标志、标牌，在危险的河道加装足以防止少年儿童不慎落水的防护栏杆等；对存在溺水安全隐患的河道安排人员经常巡逻；积极开展宣传、教育活动，深入各学校宣传防范溺水注意事项。② 该建议发出后，县河道管理部门及时组织落实各项措施，对河道进行全面细致排查，及时排除隐患，杜绝学生溺水事故的再次发生。

4. 国家利益、社会公共利益受到损害或者威胁，需要有关单位采取措施的。如：2013 年底，一件贪腐窝案轰动甬城。因在宁波市三江口清淤招标工作中涉嫌非法收受他人财物，多达 25 名国家机关工作人员和在国家机关中从事公务的人员卷入其中，给国家造成了巨大损失。浙江省宁波市江北区人民法院审结这一案件后，针对这一窝案所暴露出来的执法部门自我监督问题，向相关部门提出三点建议：一是强化队伍素质建设，加强中层以上干部廉洁执法警示教育，增强干部责任意识，提升自觉拒腐防变的能力；二是健全执法权内部监督和自查体系，完善违纪、违规行为发现机制；三是不断完善执法措施，进一步加大对违规运送、倾倒渣土等不法行为的查处打击力度。相关单位在收到司法建议书后迅速启动了

① 材料来源：王银胜、王治国：《浦东司法建议：凸显法院判后社会责任》，《人民法院报》2013 年 5 月 5 日。

② 材料来源：孙剑博、周玲玲：《蓝田司法建议为学生筑牢防护堤》，《人民法院报》2013 年 6 月 5 日。

整改工作,及时与法院做好后续赔偿及追偿工作的启动衔接事宜,并对此进行了回复,收到了良好的社会效果与法律效果。①

5.涉及劳动者权益、消费者权益保护等民生问题,需要有关单位采取措施的。如:江苏省张家港市人民法院在审理一批超市、经销商侵犯商标专用权系列案件过程中,针对发现的部分经销商商标意识淡薄、镇(村)小超市销售假冒名牌商品现象严重、批发商配送经营环节存在漏洞等情况,遂向该市工商部门提出改进宣传方式提升知识产权保护意识、加大指导力度帮助商家规范销售行为、突出执法重点源头治理假冒商标行为等司法建议。该司法建议引起该市工商行政管理局高度重视,张家港市工商局决定将司法建议中反映的情况列为执法监管重点,对有效维护消费者权益起到了推动作用。②

6.法律规定的有义务协助调查、执行的单位拒绝或者妨碍人民法院调查、执行,需要有关单位对其依法进行处理的。如:2013年7月25日,上海市浦东新区人民法院执行法官在美国花旗银行上海分行查询被执行人开户情况的过程中,该行以内部审批为由拖延办理,并且执行法官还遭到该行保安部经理金某等七八名保安人员的无理阻挠,以金某为首的众多人员限制法官人身自由,妨碍法院执行公务,法院司法警察到场后,将金某及一名主要参与人带回法院接受调查,并依法做出决定,对金某妨碍法院执行公务的行为实施制裁。事后,浦东法院亦准备就该行工作人员拖延协助执行和妨碍执行的行为发出司法建议,督促该行予以整改。③

---

① 徐露佳:《宁波江北　司法建议堵漏建制有声色》,《人民法院报》2014年8月10日。

② 吴丹:《张家港司法建议瞄准民生细节》,http://js.xhby.net/system/2012/04/12/013126929.shtml,2015年10月5日访问。

③ 刘建、富心振:《花旗银行上海分行保安人员妨碍法院执行公务》,《法制日报》2013年7月30日。

7.拒不履行人民法院生效的判决、裁定，需要有关单位对其依法进行处理的。根据最高法、最高检和公安部2014年11月5日联合下发的《关于开展集中打击拒不执行法院判决、裁定等犯罪行为的专项行动有关工作的通知》，针对人民法院执行过程中发生的涉嫌构成拒不执行判决、裁定罪，妨害公务罪，非法处置查封、扣押、冻结财产罪等犯罪的被执行人或相关人员，将由公安机关立案侦查、人民检察院提起公诉、人民法院进行审判，最后依法定罪量刑。在这里，人民法院发现上述拒不履行人民法院生效判决裁定，需要移送公安机关处理的，就可以通过司法建议的方式建议其立案侦查。

8.诉讼程序结束后，当事人之间的纠纷尚未彻底解决，或者有其他问题需要有关部门继续关注的。如：河南省郑州市中级人民法院审理赵某诉郑州市烟草专卖局不履行法定职责一案中，赵某要求该局法定代表人依照《郑州市行政应诉工作规则》的规定出庭应诉，且一审法院也书面通知其出庭应诉，其仍未出庭应诉。法院向该局发出司法建议，建议其认真执行《郑州市行政应诉工作规则》中应诉机关法定代表人应当出庭应诉的规定，积极履行出庭应诉义务，并将该司法建议书抄送至郑州市人大、市政府法制办等相关部门。此举引起了郑州市委、市政府的高度重视，郑州市委书记吴天君多次就行政首长出庭应诉工作做出重要批示。郑州市政府于2012年5月7日出台《关于加强行政机关法定代表人行政诉讼出庭应诉工作的意见》，对全市行政首长出庭应诉工作起到了极大推进作用。①

9.发现违法犯罪行为，需要有关单位对其依法进行处理的。人民法院在审理案件过程中，发现本案以外的犯罪行为的，可以向公安机关或检察机关提出予以侦查的司法建议。

---

① 李向华：《河南郑州：司法建议书推动依法行政中建功》，《河南法制报》2013年12月16日。

三、司法建议的浙江实践

2013 年全年,浙江法院发送 868 份司法建议,建议对象近 9 成为党政机关和企事业单位,其中 710 份得到及时反馈,602 份被采纳落实。这些司法建议涉案类型主要是行政案件,占 28%,其次为民事、商事和刑事,分别占 22%、18.8%、14.6%。建议对象中,政府职能部门占 60.1%,企事业单位占 19.7%,地方党委政府占 7.4%,被建议单位为党政机关和企事业单位的将近 9 成。[①] 浙江法院司法建议工作经验主要做法包括:

(一)建章立制,建立长效机制

浙江省高院制定并下发了《关于加强司法建议工作的实施意见》,辖区内各法院结合自身实际,细化实施办法,推进司法建议工作常态化,为司法建议工作的制度化和规范化奠定了坚实基础。省高院和宁波、温州、台州等地法院每年评选优秀司法建议,对成绩突出的部门和个人给予表彰和奖励。全省法院通过电视、广播、网络、报纸等多种渠道和形式加大司法建议宣传力度,扩大社会影响,营造良好的外部环境。

(二)强化管理,注重建议质量

省高院制作了统一的司法建议书格式,制定了严格的司法建议书制作和签发流程,要求司法建议书及时归档,并强调司法建议书在内容上应突出及时性、针对性、典型性和可接受性,提出问题有理有据,建议措施具体可行,便于操作。这大大提高了司法建议的规范性和可接受性,使近年来浙江法院司法建议的质量稳步提升。

(三)及时沟通,提升司法建议的反馈率

全省法院高度重视司法建议的反馈率和采纳率。为此,采用

---

① 赵小燕、莫慧芳:《浙江法院去年发出司法建议 868 份　七成获落实》,http://www.chinanews.com/fz/2014/01-09/5719054.shtml。

了灵活多样的建议方式和沟通方式。一方面，除个案、类案、综合性司法建议外，还根据实际情况以专题报告、要情专报、定期制作发布的专项审判工作报告（白皮书）、宣传手册等形式提出司法建议。辖区内各地法院通过召开联席会议、专题座谈会并形成会议纪要的方式，变书面建议为面对面建议，增强建议的互动性和可接受性。另一方面，司法建议发出后，及时与被建议单位沟通，采取询问、提醒、回访等方式，动态跟踪被建议单位的处理情况。

（四）设立司法建议数据库

2013 年 7 月，浙江省高院建成了全省法院统一联网、信息共享的司法建议信息库，实现了对司法建议相关信息的全面记录、便捷查询和实时统计，大大提升了司法建议基础工作的信息化程度，成为交流司法建议工作的重要载体。

四、做好司法建议工作的对策建议

（一）规范建议内容，提高建议质量

撰写司法建议书要言简意赅，有较强的针对性和可操作性。其内容可以指出存在的问题，可以提出解决方案，可以建议建立健全或是修改规章制度，还可以建议有关行政机关做出具体行政处理，等等。司法建议要对普遍存在的共性问题注意调查研究，并充分阐明理由和依据，提高建议的指导性，着力在建议质量上下功夫，切实提高被建议单位的重视和采纳率。

（二）科学考核，建立奖惩机制

人民法院在对法官的工作绩效考评中，应将司法建议的质量作为考察审判人员能力的一项指标，纳入考核体系。对发出司法建议书并产生良好社会效果的法官，应当给予适当的精神或物质鼓励，对应发出司法建议书而未发出的审判人员，则酌情予以处罚。每发出一篇建议和建议被发送单位采纳并回复意见以及获奖的司法建议，都应在绩效考评中获得相应的加分，以调动法官参与的积极性。

在司法实践中，有人提出应对建议落实情况进行跟踪督促，监督被建议单位落实整改措施；对领导不重视，拒不采纳合理建议并继续造成不良后果的单位，可将发现的问题、司法建议的内容、建议落实的情况等以书面形式向其上级主管部门、组织部门、纪检部门，以及党委、人大进行反映，必要时可报请党委、人大统一协调，以牢固肃立法院司法建议的权威。笔者认为这种做法是不妥当的，司法建议本身仅具有建议的功能，是否采纳应由被建议单位决定，不应当赋予其强制力。人民法院只有在努力提高建议质量，增强建议的价值和可操作性上下功夫才是做好司法建议工作的正确出路。

第四节　参与社会管理，维护社会长治久安

加强社会建设，推进社会管理创新，是解决影响社会和谐稳定的源头性、根本性问题的重要措施。参与社会管理创新既是司法审判工作的一项重要内容，也是司法机关承担的一项重要社会责任。近年来，浙江各级法院在抓好案件审理的同时，坚持司法能动的理念，拓展和延伸司法职能，充当着社会管理创新“保障者”“引领者”“推动者”等多种角色，多层次地参与社会管理，积极化解矛盾纠纷，促进社会和谐发展，维护社会的长治久安。

一、“进村入企”，服务基层和企业

浙江省自 2009 年以来开展“服务企业、服务基层”的专项行动，推进以“进村入企，助推发展、强化服务”为内容的大型走访活动，各级领导干部下基层、访民情、办实事、抓落实，全力破解经济社会发展中的重点和难点问题。浙江法院积极回应经济社会发展的司法诉求，广泛开展“进村入企”活动，组织干警深入基层、深入群众，进村入企、走访调研，主动了解基层群众和企业的法律需求，帮助解决有关法律问题和实际困难。通过走访企业，走访基层，实现常态化的法律服务。

（一）“进村入企”活动的内容

一是进农村访农户，各级法院进一步建立健全联系群众、联系基层的体制机制，与当地的村（社区）建立对口联系，进行经常性的走访，通过召开座谈会等形式开展社情民意调研，了解农村发展中存在的问题，帮助解决农村发展、农民生活中遇到的困难。对联系村涉诉重大矛盾纠纷进行排查，及时进行化解，建立应急处置机制，切实把矛盾纠纷消灭在萌芽状态，确保社会和谐稳定。

二是进企业，各级法院建立走访企业制度，选择当地具有代表性的或者经营中遇到困难的企业进行实地考察，了解企业生产经营中的法律风险并提出风险预警，提高企业依法经营和防范风险的能力。尤其是结合中小微企业帮扶工作，重点走访中小微企业，面对面了解中小微企业生产经营状况，点对点引导中小微企业依法经营，帮助解决融资难、创新难等难题，助力企业发展。

各地基层法院，尤其是人民法庭充分发挥扎根基层、贴近企业的优势，通过开展“进村入企”活动，认真排查基层社会和经济领域矛盾纠纷的隐患。从2008年国际金融危机爆发以来，截至2012年，各地人民法庭走访企业6700余家（次），帮助排查经营上的法律风险13000多个，提出法律意见743条，编发典型案例1600多个。[①] 这些举措充分发挥了人民法庭前沿阵地作用。

（二）“进村入企”活动实例：金华法院的“三个一百”活动[②]

2011年以来，金华两级法院开展以“百名法官进百村、百名法官进百企、百名法官解百案”为主要内容的“三个一百”走基层活动，进村入企，排查化解矛盾纠纷，深入推进企业帮扶，促进“网格化管理、组团式服务”工作的完善落实，取得了明显成效，充分

---

① 参见浙江省高级人民法院调研报告：《推进人民法庭建设，提高基层司法能力》。

② 材料来源：李良才、胡冬阳：《我市法院“三个一百”活动促和谐发展》，http://www.jhnews.com.cn/jhrb/2011-11/21/content_1953082.htm，发布时间：2011年11月21日。

体现了司法服务大局、服务民生、保障和谐促发展的能动性、自觉性。

其一，“百名法官进百村”，建立联村帮扶制度。全市两级法院全部建立了联村帮扶制度，以新农村建设示范村、矛盾隐患多发村以及贫困村（户）作为联系和帮扶的重点对象，共结对帮扶 220 余个村落乡镇，采取设立法律咨询点、发送法律知识手册、面对面解答群众法律问题、开展巡回审判等方式，帮助解决联系村的实际困难。比如，义乌法院 105 名法官分别联系 105 个村，开展联村结对帮扶工作，完善农村维稳工作，建立健全矛盾纠纷信息预警和排查机制，妥善化解涉农纠纷。

其二，“百名法官进百企”，深入企业送法律、送服务，妥善化解涉企纠纷，深入开展涉困企业帮扶。确定具有代表性的 142 家企业作为联系结对单位，由分管副院长带领相关庭室主动上门走访，送法律、送服务、听意见、查矛盾、解纠纷，帮助企业排查经营法律风险并提出相应的防范建议，并针对走访中获知的涉企重大法律问题进行会诊，提出危机化解预案方法。例如，义乌、东阳等基层法院针对企业主出逃引发的纠纷，启动涉企纠纷应急方案，及时采取查封、扣押等保全措施，促成案件得到妥善处理。

其三，“百名法官解百案”，排摸难案，集中会诊。全市法院认真排查，挑选出在当地有较大影响的案件、群体性纠纷案件、信访老案等 130 件，组织专项活动组成员进行会诊落实化解。对重大疑难案件，积极借助相关部门和社会各界力量合力化解。比如，金东法院借力乡镇政府，妥善处理了城乡一体化公交改造系列案件，16 件案件全部调解结案并当场履行。

二、参与综合治理，为社会管理创新提供司法支持

创新社会管理非常重要的一个目标，就是要解决影响和谐稳定的突出问题。而切实维护好地方和谐稳定就需要积极参与到社会治安综合治理工作中去，积极发挥综合治理的优势，切实推动社会管理创新工作深入开展。发挥审判职能参与综合治理、参与社

会综合治理，是人民法院参与社会建设的重要途径。最高法院在《关于进一步加强人民法院参与社会治安综合治理工作的意见》中明确指出："做好各项审判工作，是搞好社会治安综合治理不可缺少的重要组成部分，各级人民法院要充分发挥审判职能作用。"

人民法院参与社会治安综合治理的内容非常丰富，方法也灵活多样。在当前社会，人民法院参与社会管理创新，不再仅仅限于过去的送法下乡或是法制宣传，而是通过拓展司法审判职能，在做好审判工作的前提下前后适度延伸，多层次全方位辐射，以主导的形式作用于社会管理体系的各个主体、各个环节，预防纠纷，化解矛盾，发挥出司法的规范、引导、促进、监督和制约作用，使司法成为社会管理体系中的中坚力量。浙江各级法院坚持以审判工作为依托，不断探索、采取各种行之有效的方式，认真落实参与社会综合治理的各项措施，逐渐走出了一条具有浙江特色的维护社会治安与稳定的参与社会治安综合治理之路，为浙江改革开放和现代化建设创造了和谐稳定的社会环境。

（一）北仑法院的"基层法制促进员"①

为化解基层社会矛盾，满足群众的法律需求，宁波市北仑法院于 2010 年建立基层法制促进员制度，出台了《建立基层法制促进员制度的实施意见》，选派 18 名政治素质好、组织协调能力强和善于做群众工作的中层干部和业务骨干，进驻辖区内矛盾纠纷复杂、治安问题突出、综治基础薄弱、重点项目建设存在风险的 18 个重点村、社区，配合基层组织排查矛盾纠纷、不稳定因素以及帮助群众解决实际问题。将基层法制促进员的姓名、单位、职务、照片、联系电话等以上墙方式向群众公开，并推行工作联系卡。基层法制促进员必须每半月到村（社区）工作一天，每月排查上报一次矛盾纠纷及不稳定因素，每季度参加一次村居（社区）召开的会议，每年

---

①　材料来源：舒沁、张怡：《北仑法院建立基层法制促进员制度》，《人民法院报》2010 年 7 月 5 日。

给基层群众上一堂法制教育课，走访一批基层群众，为基层解决一批实际问题。在基层法制促进员制度建立后，一年来共排查矛盾纠纷 200 余起，参加基层组织会议 50 多次，走访群众 600 余人次，解决法律问题 70 多个。《人民法院报》头版为此做了专题报道。

（二）临安法院的“综治法官”①

2010 年以来，临安法院积极推动“法官进综治中心”工作，选派优秀法官到镇（街）综治中心任职，实施“一中心、一法官、一巡回法庭、一联络员”，搭建法院参与社会管理的平台，实现法院与基层组织的良性互动与优势互补，最大限度将矛盾纠纷遏止在源头，化解在基层。2011 年初，临安法院选派 18 名中层骨干，一对一地到全市 18 个镇（街）综治委担任副主任或委员职务，并设立固定办公场所。综治法官除了参与综治日常工作外，还要承担送法进村、便民诉讼、法制宣传、排查矛盾、就地调解、指导人民调解员等工作。在当前基层管理工作模式下，综治中心是多种管理资源的整合体，处理着与人民群众密切相关的事务。

“法官进综治中心”工作整合了基层的各种资源，加强了法院与基层组织的沟通与合作，发挥基层组织人头熟、情况明的优势，弥补法院在送达、调解、执行等方面的资源劣势，实现资源共享、协作共赢，最终让广大百姓从中受益。

在“综治法官”工作推进的过程中，於潜法庭根据辖区特点，探索出了法官“周四有约”的工作制度，于 2013 年首先在辖区潜川镇成立了法官“周四有约”工作室，开展巡回审判、诉调衔接、指导人民调解和法制宣传等工作。2014 年 5 月，法官“周四有约”工作室又在法庭辖区其余三镇挂牌，实现辖区的全覆盖。

为扩大“法官进综治中心”工作的影响力，临安法院还结合审判实践，认真收集婚姻家庭、乡邻纠纷、土地承包等方面的法律法

① 材料来源：陈晓华：《临安法院：法官进综治中心　走出一片新天地》，《中国审判》2012 年第 7 期。

规和司法解释，用较为通俗的语言编写《法官进综治中心工作手册》，向镇街、村居的综治干部和群众发放。为促进和当地党委、政府之间的信息沟通，提升矛盾化解效果，临安法院建立了法庭辖区涉诉矛盾分析通报制度，每季度向当地党委、政府发送《法官进综治中心工作季报》。工作季报的内容除了通报法庭办案情况外，还及时通报各镇、村的矛盾纠纷数量、主要类型和特点，并对潜在风险进行分析，有针对性地提出加强和创新社会管理，预防和减少矛盾纠纷的对策建议，从而给每个镇（街）开出了一份详细的"体检表"，为当地党委、政府社会管理决策提供法律服务和参考。

（三）宁波法院的"小巷法官"

宁波法院的"小巷法官"起源自宁波市鄞州区法院。鄞州是宁波市最大的一个区，也是经济发展活跃、社区纠纷多发的典型城市区。2011 年 7 月，为从源头上预防和减少涉诉矛盾纠纷，有力维护社会和谐稳定，鄞州法院启动"小巷法官"试点项目，设立 4 名"小巷法官"，贴近社区居民，提供司法服务，取得了良好效果，居民起诉案件环比下降 73.3％。2012 年 4 月，该院出台《利用"小巷法官"活动载体，推进"无诉社区"建设的实施方案》，确立了"小巷法官"活动的工作目标、组织形式、工作安排和工作要求，在全区 12 个社区推行"小巷法官"制度，动员法官以居住地为轴心，利用 8 小时外的业余时间为社会居民提供经常性法律服务。

"小巷法官"模式以打造"无诉社区"为愿景，主要着眼于基层矛盾纠纷源头的防控和化解，其职责包括法律宣传、指导调解、解决纠纷、信访引导、参与综治等五个方面，内容丰富，形式多样，其服务模式包括流动服务、坐堂服务、日常服务和网络服务四个层面。一是定期流动服务。每月一次定期在社区广场、会议厅等场所开展形式多样的普法活动，包括法律咨询、法律知识讲座和有奖竞猜等。二是晚间坐堂服务。在社区建立"法律咨询屋"，晚上定期向居民开放，接受居民咨询，调解纠纷。三是日常普法服务。为社区居民印制和发放《普法案例 100 例》《法律知识 100 问》《诉讼指南》等法制宣传资料，在居民集中活动区域制作和设置普法黑板报、普法活动展板，对居民进行日常普法。四是随时网络服务。利用QQ、微博、邮箱、视频等网络工具和81890系统，开展在线法律服务和调解活动，随时解答疑问、解决纠纷。①

"小巷法官"模式是鄞州法院在司法参与社会管理创新工作中的一项全新探索，是人民法院延伸审判职能、积极参与社会治理的服务型司法的新模式。一方面将化解纠纷的关口从法院审判的化解前移到基层管理的环节，社区居民可以在"小巷法官"的帮助和指导下，将矛盾纠纷消解在萌芽状态；另一方面将解决矛盾的层次深化至对矛盾纠纷的防控，有效发挥司法调控功能，符合服务型、高效型能动司法的要求，取得了良好的法律效果和社会效果。

2013年3月，宁波市中级人民法院在鄞州法院实践经验的基础上，出台《关于开展"小巷法官"活动的实施方案》，在全院推广"小巷法官"活动，号召法官加入"小巷法官"队伍，每8人一组为社区居民提供系统全面的司法服务，其职责包括法制宣传、解惑答疑、指导调解、信访维稳、制作台账、信息报送等六个方面。其目的是将人民法院的司法主导与社区自治相结合，真正把矛盾纠纷化解在基层社区、化解在萌芽状态、化解在诉讼之外，逐步形成"事了人和、少诉无讼"的和谐新格局。据宁波市中院的统计，2013年宁波市共有600余名"小巷法官"，占法院在编工作人员的40%。

---

① 材料来源：苏家成、徐旭霞：《"小巷法官"的初步实践与完善》（宁波市鄞州区人民法院调研报告）。

第二章 阳光司法:司法公开的深化和创新

司法阳光是与司法公开相一致的概念。它是近年来全国法院推进司法改革,树立司法公信的重要手段,其核心内涵是对社会纠纷起着终局裁决的人民法院公开透明地司法。秘密审判使人们对司法过程的公正性产生怀疑,使司法丧失公信力,而阳光司法则让案件裁判过程充满阳光,令司法公信力得以维系。

第一节 制度源起:阳光司法兴起背景及其价值功能

一、阳光司法兴起的背景

互联网时代来临后,有关司法腐败的负面信息以惊人的速度传播,对司法公信造成的创伤快速扩大,而传统的主要依靠加强法院自身管理提升司法公正水平,维护司法公信的能力在这一背景下显得异常脆弱。在这种情况下,人民法院迫切需要寻找有效的方式和方法快速提高司法公信力。此外,2002 年统一司法考试制度开始运行,使得最高法院对未来中国法院和法官司法能力的大幅提升充满自信。在此背景下,"以公开促公正,以公开促公信"的司法理念应运而生。

(一)阳光司法起步并兴起的背景

与阳光司法起步的背景相适应,其兴起的决定因素主要包括信息时代司法腐败个案吞蚀司法公信,无法调和的社会矛盾扭曲为人民群众对司法公正的质疑,以及人民法院司法自信的快速增长三方面。

(1)信息时代司法腐败个案吞蚀着司法公信。社会的信息化程度迅速提升,使得包括原最高法院副院长黄松有等在内的一些司法腐败案件对司法公信的侵蚀力度数倍扩大。为消除人民对司法官员腐败个案中产生的对司法公正的怀疑,重塑司法形象,人民法院不得不寻找阳光司法作为求生阀门。

(2)无法调和的社会矛盾扭曲为人民群众对司法公正的质疑。2009 年初,全球金融危机笼罩中国,社会经济初现萧条景象。一方面,各种社会矛盾大量涌入法院,通过诉讼程序迅速转化为涉诉矛盾。另一方面,企业主负债跑路现象频现,司法白条屡见不鲜。这将人民群众对社会的怨愤转嫁到法院,人民群众对法院司法不公的指责与日俱增。在此背景下,人民法院不得不寻求阳光司法,希望以此让群众看到司法的尴尬与无奈,从而消除对法院的怨气。

(3)人民法院司法自信的快速增长。法官法的修改,对初任法官的专业知识和专业能力提出了前所未有的要求,经过七年的全国统一司法考试,又为法院选拔了大量的司法后备人才。到 2009 年,全国中、高级法院,城市和沿海地区基层法院都已经积蓄了大量高学历人才。此外,近年来全国法院加大了管理力度,四级法院在司法能力和司法作风上都有了大幅改善,司法公正程度也得到了大幅提高。在这一背景下,人民法院已经不怕出丑,不惧出丑,相反还希望通过司法信息的公开向社会公众展示新时期人民法院公正、规范、高效的司法形象,因此,阳光司法便成了必然选择。

(二)阳光司法起步和兴起的过程

国家层面的司法公开是在《人民法院第一个五年改革纲要》(1999—2003,以下简称《一五纲要》)和《人民法院第二个五年改革纲要》(2004—2008,以下简称《二五纲要》)的实施期间起步,又在《人民法院第三个五年改革纲要》(2009—2013,以下简称《三五纲要》)的实施期间兴起的(详见表 1)。2009 年《三五纲要》发布并开始实施后,"阳光司法"和"司法公开"这两个名词开始频繁出现在国内知名报纸杂志上,阳光司法在国内迅速兴起。

表 2-1 阳光司法起步与兴起阶段最高院发布的对推进司法公开具有标志性的文件

时间	文件名	主要内容	意义
1999 年	关于严格执行公开审判制度的若干规定	公开开庭,公开举证、质证,公开宣判	是我国第一个专门就公开审判进行规定的法律文件
1999 年 10 月	人民法院第一个五年改革纲要	要求裁判文书不仅记录裁判过程,且公开裁判理由	首次提出心证公开
2005 年 10 月	人民法院第二个五年改革纲要	提出要"采取司法公开的新措施","提高人民法院审判工作、执行工作和其他工作的透明度"	首次采用"司法公开"一词,为庭审公开走向司法公开提供了理论依据
2007 年 6 月	关于加强人民法院审判公开工作的若干意见	审判公开涉及立案、审判、执行等诉讼环节,明确规定了审判公开的"三原则",即"依法公开""及时公开"和"全面公开"	使审判公开从狭义走向了广义即"司法信息公开"或者"司法公开"
2009 年 3 月	人民法院第三个五年改革纲要	提出要实现庭审公开、执行公开、听证公开和裁判文书公开	为全面司法公开提供了指导思想和基本框架
2009 年 12 月	关于司法公开的六项规定	确立了司法公开的六大内容(立案公开、庭审公开、执行公开、听证公开、文书公开、审务公开)	标志着中国司法公开进入了全面公开的新阶段
2009 年 12 月	关于人民法院接受新闻媒体舆论监督的若干规定	明确媒体采访报道的保障性措施和五条限制性措施	首次系统提出人民法院接受媒体舆论监督的保障措施

续表

时间	文件名	主要内容	意义
2010 年 9 月	关于开展司法公开宣传月活动的工作方案	成立了司法公开工作领导小组，开展司法公开宣传	推进司法公开宣传
2010 年 10 月	关于确定司法公开示范法院的决定	设立司法公开示范法院	开展全面司法公开试点
2010 年 11 月	关于人民法院在互联网公布裁判文书的规定	对人民法院在互联网上公布裁判文书进行了规范	倡导裁判文书上网
2010 年 11 月	关于人民法院直播录播庭审活动的规定	对人民法院庭审直播录播进行了规范	倡导庭审直播
2013 年 11 月	关于人民法院在互联网公布裁判文书的规定	确立裁判文书上网为原则，不上网为例外	推动了裁判文书全面上网
2013 年 11 月	关于推进司法公开三大平台建设的若干意见	提出建设司法公开三大信息平台	国家层面司法公开正式从兴起阶段转入信息化推进阶段

二、阳光司法的价值功能

（一）改变了中国“输了官司就说法院黑”的不良传统

独角兽是中国古代司法中正义和公正的化身。在封建时代之初，中国的司法并不是公开的，甚至连实体法律也是秘而不宣的，因此，人民祈求独角兽充满正义地“裁决”，统治阶级将秘而不宣的法律作为国之利器，让老百姓望衙门而生畏，这导致输了官司的百姓一出衙门就说衙门黑。时至今日，无论实体法律还是程序法律都是对老百姓开放的。然而，“输了官司就说法院黑”的传统在中国还没有完全改变，涉诉信访案件数量庞大，越级上访增长速度过快，过激行为时有发生，劝息工作异常困难，这说明中国司法还不够公开，或者说现有的公开方式还不被老百姓感知，因此必须进一步改进公开方式，提高公开效果。

（二）把司法“阳光”当成开启群众信任的金钥匙

中国有句名言叫“阳光是最好的防腐剂”。近年来，全国法院系统为践行这一名言，将司法“阳光”当成一把开启群众信任的金钥匙，努力推进阳光司法工作。最高法院先后制定了《司法公开六项规定》和《司法公开示范法院标准》，浙江法院建立阳光司法指数测评体系。现在，全国法院已经形成阳光司法的良好氛围，阳光司法正在成为人民法院提高审判质量效率、接受社会监督的重要措施；成为人民法院推进司法民主、确保司法公正、提升司法公信、树立司法权威的重要途径和形式。当然，也只有司法“阳光”了，人民群众对司法知情的需求得到了满足，司法的公信力才能维系，法院才能在输了官司的老百姓口中从“黑”变“白”。

（三）阳光司法至少具有三重价值功能

人们对司法裁判结果的评价既取决于司法产品的本质属性，也取决于整个司法信息的公开程度。司法过程的信息充分公开后，人们倾向于对裁判过程和裁判结果有更加正确的认识，并在此基础上选择行为模式。从这个意义上说，司法公开至少具有增进司法信任、强化司法权威、倒逼司法公正三重核心价值。

其一，增进司法信任。信息的传递在信息制造方和信息接收方之间存在不完全性，即信息不对称。这种信息的不对称情况导致信息制造方和信息接收方彼此缺乏信任。这也是近年来司法机关对司法公正的自评与社会公众评价存在巨大反差的关键原因。在司法产品的本质属性是公正的情况下，信息公开会消除法官与当事人和社会公众之间信息的不对称性，从而消除信息接收者对司法公正的种种怀疑，进而增进司法公信。

其二，强化司法权威。裁判文书公开和执行公开将强制执行信息转换为与当事人信誉相关的一项高成本信号，通过法律和社会双重压力促使当事人履行判决。[1] 一旦司法程序具备相当的公开性,法院的执行信息也就成为附着到当事人身上的一种重要"信号"。这样,司法公开能够将法律领域和社会领域连接起来,成为司法裁判进入当事人以及潜在当事人的社会信誉机制的渠道。这样,判决执行除了依靠当事人的自觉、法院的强制力,还通过司法公开将社会信誉机制和当事人的预期利益转化为迫使当事人履行判决义务的筹码,从而发挥了"四两拨千斤"的杠杆作用。

其三,倒逼司法公正。司法产品一旦存在瑕疵,当司法信息向当事人及社会公众公开后,必然会在当事人周围及社会上传播。对当事人而言,可能选择针对法院或法官的上诉、信访、纠缠法院或法官,或利用媒体曝光行动,对社会公众而言,则形成强大的舆情。这些上诉、信访、纠缠法院的行为,以及涉诉舆情,又反过来给承办案件的法院和法官形成强大的信誉压力,使其不堪重负。这样迫使法官一方面不敢腐败、不能腐败,另一方面,还使其需努力提高自身专业水平和专业能力,避免因自身司法水平和司法能力缺陷而给自己的工作和生活带来更多额外负担。

第二节 推进路径:信息化手段助推司法公开迈向集约化

在信息时代兴起的司法公开,其信息化过程是伴随着司法公开的兴起过程而进行的。但是,在国家层面,司法公开真正的信息化推进是 2013 年 11 月才开始的。这一年年底,最高法院发布了《关于推进司法公开三大平台建设的若干意见》(以下简称《三大平台建设意见》),该意见要求各级法院依托现代信息技术,打造司法公开工程,全面推进审判流程公开、裁判文书公开、执行信息公开

---

① 参见钱弘道、姜斌:《司法公开的价值重估——建立司法公开与司法权力的关系模型》,《政法论坛》2013 年第 4 期。

三大平台建设。这一文件的发布，标志着国家层面的司法公开工作迈入信息化和集约化推进时期。

一、司法公开的信息化需围绕集约化来展开

信息化时期多数司法信息都通过网络、电视、电话、微博、微信等现代通信技术予以发布和接收。这大大增强了当事人和社会公众获悉司法信息的便捷性，极大地提高了司法公开的效率。同时，信息化又将大大推进司法公开迈向集约化。以上海高院为例，2014年，上海高院顺利建成司法公开七大平台，这七大平台均通过现代信息技术手段，以门户网站为统一载体，分门别类，全方位、系统化公开了上海法院的司法信息，其覆盖范围之完整，公众查找司法信息之便捷，以及公开效率之高，均为全国法院提供了标杆式样本。

二、司法公开信息化与集约化需具备三个条件

应该注意，司法公开的信息化与信息化的司法公开是两个不同的概念。在信息时代，司法公开的信息化是贯穿司法公开的整个发展过程的，而信息化的司法公开则是司法公开信息化工作推进的结果。司法公开的信息化与集约化至少需要具备以下三个条件：

（一）法院内部已经实现案件的信息化管理

司法公开信息化的基本前提是法院内部管理的信息化，如果法院内部没有使用一定范围内互联互通的案件信息管理系统，没有普及数字法庭，没有实现档案电子化，那么要实现司法公开的全面信息化将是不可想象的。

（二）具备支撑司法公开信息化的经济基础

信息化管理软件开发和信息化工作设备的采购，需要较大的经费投入。事实上，我们也看到，经济条件较好的浙江、广东、上海等地率先开展司法公开的信息化推进工作，而经济条件较差的中

西部地区法院，则较少开展司法公开的信息化工作。这说明，司法公开的信息化还需要有支撑信息化的经济条件做保障。

（三）法院领导具有信息化的战略眼光

由于司法公开的信息化还没有上升为法律，各地法院还可以根据自身的实际情况选择甚至创新司法公开的范围、方式和方法。因而，在某省、某市或某法院推进司法公开信息化工作还需要领导具有信息化的战略眼光。只有当领导充分认识到司法公开的重要性后才有可能下大力气去推动司法公开的信息化。

三、信息化助推司法公开集约化发展之路径选择

前述最高法院《三大平台建设意见》，对司法公开信息化助推集约化的实现路径提出了"统一规划，有序推进""科技助推，便捷高效"和"立足服务，逐步拓展"的参考路径。从最高法院，以及司法公开信息化推进较快的浙江、上海、广东、江苏高院的实践（详见表 2-2）来看，这一参考路径无疑是科学可行的。

表 2-2　最高院及部分发达地区法院信息化助推集约化经验汇总表

法院	信息化助推集约化的路径、方法或经验
最高法院	（1）制定统一规划，有计划、分批次地推进全国法院司法公开信息化工作 （2）发布指导性或强制性文件，指引、规范全国法院司法公开工作 （3）建立全国统一的信息发布平台，强力推进裁判文书、拍卖公告、被执行人信息等上网（如中国裁判文书网、人民法院诉讼资产网、全国法院被执行人信息查询网） （4）鼓励全国法院创新，适时推广创新做法，如司法公开三大平台建设
浙江法院	（1）创设指数考核体系，引入第三方考核排名 （2）分解目标任务，对辖区法院提出详细进度要求，并督促通报 （3）统一规划、统一部署、分工协作，三级法院共同开展信息化建设 （4）鼓励中、基层法院大胆创新公开的方式和方法

续表

法院	信息化助推集约化的路径、方法或经验
上海法院	(1)全市统一规划,统一建设全市法院案件信息平台 (2)实行达标考核,助推全市法院司法公开均衡发展 (3)借用中国法院网直播平台开设全市法院网络图文直播 (4)统一实施网络化电子档案借卷平台,当事人可在全市任一家法院借阅上海其他法院的电子卷宗 (5)2014 年,以"天平工程"建设为基本载体,打造集审判流程公开、裁判文书公开、执行信息公开、12368 诉讼服务、知识产权保护、新闻发布、监督联络信息为一体,法院与公众互动交流的司法公开七大平台体系
广东法院	(1)整体规划全省法院办公系统开发和建设 (2)打造"网上执行局",在全省选定 25 家法院进行执行精细化管理试点,及时、准确、全面录入案件信息,实现执行案件进展信息实时播报,执行全部内容在网上流转运行;且系统会自动生成执行日志,通过短信告知当事人 (3)研发"人民银行征信数据导入接口",定期将全省法院未结执行案件信息录入人民银行征信系统和"广东省政务信息共享平台",向征信机构和行政机关公开执行案件信息 (4)鼓励各地法院创新司法公开的方式和方法
江苏法院	江苏法院每年均设定重点推进项目 (1)2011 年重点推进项目有:诉讼服务中心;庭审三同步;全面落实群众自由旁听庭审制度;互联网庭审直播;裁判文书上网 (2)2012 年重点推进项目有:执行公开;各类案件二审开庭审理;加强全省三级法院互联网网站建设 (3)2013 年重点推进的项目有:推进裁判文书附录法律条文工作;在裁判文书中增加不履行后果及申请执行提醒;推进执行异议、国家赔偿公开听证以及减刑假释的公示、开庭审理工作;推进司法鉴定、评估、拍卖公开

从上表可以看出,尽管由于不同地区经济社会发展存在不平衡性,导致各地法院实现司法公开信息化的进程有所不同,但是,无论在国家层面,还是在地方法院层面,实现信息化和集约化的路径都是相似的,都包括统一搭建基础性信息化平台、鼓励创新等五个方面。

(一)统一思路

各级法院在信息化过程中都要做到“统一规划,有序推进”“科技助推,便捷高效”“立足服务,逐步拓展”。

(二)统一搭建基础性信息化平台

中级以上法院,特别是最高法院和省高院要统一提供部分基础性信息化软件或信息公开平台,实现全市、全省甚至全国法院案件管理信息的互联互通,为辖区范围内司法公开的信息化打下坚实基础。

(三)鼓励创新

中级以上法院鼓励下级法院运用信息化手段,创新司法公开的方式和方法,丰富司法公开的内容。

(四)贯彻执行与创新并举

各级法院一方面积极贯彻落实上级法院的信息化管理规定,充分利用上级法院搭建的司法公开信息平台开展司法公开工作,另一方面积极运用现代信息技术,创新司法公开的方式和方法,努力拓展司法公开的广度和深度。

(五)适时总结并推广创新做法

中级以上法院及时总结辖区范围内司法公开信息化的创新经验和方法,并适时在辖区范围内予以推广,在全国范围内予以宣传。

四、信息化与集约化进程中需解决的主要问题

(一)严重的经费短缺问题

在现行财政体制下,各法院的信息化经费均来源于当地财政。因而,不同地区社会经济发展的不平衡性决定了其司法公开的信息化保障水平也存在不均衡性。即使在经济比较富裕的浙江法院也是如此,2013 年浙江 103 家法院司法公开信息化经费投入差距

较大。[1] 由于司法公开的信息化不仅仅是固定设备和软件的一次性投入,还存在一个持续维护的过程,因而经费保障成了司法公开进程中必须面临和需要解决的主要难题之一。

(二)突出的重复建设问题

正是由于经济社会发展的不平衡性,经济条件较好的试点地区法院通常会率先开发试用一些司法公开软件,采购一些新颖的司法公开设备。随着信息化推进程度的不断提高,以及上级法院统一管理的需要,试点地区、试点法院的一些公开软件和公开设备必然会被上级法院统一要求的或者更先进的公开软件和公开设备所取代,这就造成了重复建设和资源浪费。

(三)"家丑"外扬加剧司法信任危机问题

司法公开是一把双刃剑,在信息化建设初期,个别司法腐败,一些不规范的司法行为和一些能力欠缺的法官迅速暴露在公众眼前,成为公众宣泄不满情绪的活靶子。一些微小的司法瑕疵可能被媒体炒作放大;一些原本正当的司法行为被部分别有用心的人通过媒体歪曲利用,造成不良舆论影响,从而加剧了司法信任危机。

第三节 核心载体:司法公开三大平台建设

司法公开三大平台是指审判流程公开平台、裁判文书公开平台和执行信息公开平台。建设司法公开三大平台,是人民法院适应信息化时代新要求,满足人民群众对司法公开新期待的重要战略举措。根据最高人民法院《关于推进司法公开三大平台建设的若干意见》的规定,推进司法公开三大平台建设,主要包括以下内容:

---

① 中国社会科学院法学研究所法治指数创新工程项目组:《浙江法院阳光司法指数测评报告》,《法治蓝皮书:中国法治发展报告(2014)》,中国法制出版社 2014 年版,第 231 页。

一、推进审判流程公开平台建设

推进审判流程公开平台建设,主要包括做好以下工作:

(一)构建公开平台

人民法院应当加强诉讼服务中心(立案大厅)的科技化与规范化建设,利用政务网站、12368电话语音系统、手机短信平台、电子公告屏和触摸屏等现代信息技术,为公众提供全方位、多元化、高效率的审判流程公开服务。

(二)向公众公开信息方式的多样化

人民法院应当通过审判流程公开平台,向公众公开以下信息:(1)法院地址、交通图示、联系方式、管辖范围、下辖法院、内设部门及其职能、投诉渠道等机构信息;(2)审判委员会组成人员、审判人员的姓名、职务、法官等级等人员信息;(3)审判流程、裁判文书和执行信息的公开范围和查询方法等司法公开指南信息;(4)立案条件,申请再审,申诉条件及要求,诉讼流程,诉讼文书样式,诉讼费用标准,缓减免交诉讼费用的程序和条件,诉讼风险提示,可供选择的非诉讼纠纷解决方式等诉讼指南信息;(5)审判业务文件、指导性案例、参考性案例等审判指导文件信息;(6)开庭公告、听证公告等庭审信息;(7)人民陪审员名册、特邀调解组织和特邀调解员名册、评估、拍卖及其他社会中介入选机构名册等名册信息。

(三)当事人获取公开信息的便利化

人民法院应当整合各类审判流程信息,方便当事人自案件受理之日起,凭密码从审判流程公开平台获取以下信息:(1)案件名称、案号、案由、立案日期等立案信息;(2)合议庭组成人员的姓名、承办法官与书记员的姓名、办公电话;(3)送达、管辖权处理、财产保全和先予执行情况;(4)庭审时间、审理期限、审限变更、诉讼程序变更等审判流程节点信息。

(四)推进诉讼档案电子化

人民法院应当积极推进诉讼档案电子化工程,完善转化流程、传送机制和备份方式，充分发挥电子卷宗在提高效率、节约成本、便民利民方面的功能。

（五）鼓励创新庭审公开方式

人民法院应当积极创新庭审公开的方式，以视频、音频、图文、微博等方式适时公开庭审过程。人民法院的开庭公告、听证公告，最迟应当于开庭、听证三日前在审判流程公开平台公布。

（六）加强科技法庭建设

人民法院应当加强科技法庭建设，对庭审活动全程进行同步录音录像，做到“每庭必录”，并以数据形式集中存储、定期备份、长期保存。当事人申请查阅庭审音像记录的，人民法院可以提供查阅场所。

二、推进裁判文书公开平台建设

推进裁判文书公开平台建设，主要包括做好以下工作：

（一）建立统一的裁判文书公开平台

最高人民法院建立中国裁判文书网，作为全国法院统一的裁判文书公开平台。地方各级人民法院应当在政务网站的醒目位置设置中国裁判文书网的网址链接，并严格按照《最高人民法院关于人民法院在互联网公布裁判文书的规定》，在裁判文书生效后七日内将其传送至中国裁判文书网公布。人民法院可以通过政务微博，以提供链接或长微博等形式，发布社会关注度高，具有法制教育、示范和指导意义的案件的裁判文书。

（二）确立裁判文书应当公开的原则

在互联网公布裁判文书应当以公开为原则，不公开为例外，不得在法律和司法解释规定之外对这项工作设置任何障碍。各级人民法院对其上传至中国裁判文书网的裁判文书的质量负责。

（三）妥善处理裁判文书公开与公民隐私保护的关系

人民法院应当严格把握保障公众知情权与维护公民隐私权和

个人信息安全之间的关系,结合案件类别,对不宜公开的个人信息进行技术处理。对于因网络传输故障或技术处理失误导致当事人信息被不当公开的,人民法院应当依照程序及时修改或者更换。

三、推进执行信息公开平台建设

推进执行信息公平平台建设,主要包括做好以下工作:

(一)信息共享

人民法院应当规范执行信息的收集、交换和使用行为,在确保信息安全的前提下,实现上下级法院之间,异地法院之间,同一法院立案、审判与执行部门之间的执行信息共享。

(二)整合公开信息,便利当事人和社会公众查询

人民法院应当整合各类执行信息,方便当事人凭密码从执行信息公开平台获取以下信息:(1)执行立案信息;(2)执行人员信息;(3)执行程序变更信息;(4)执行措施信息;(5)执行财产处置信息;(6)执行裁决信息;(7)执行结案信息;(8)执行款项分配信息;(9)暂缓执行、中止执行、终结执行信息等。

人民法院应当通过执行信息公开平台,向公众公开以下信息:(1)执行案件的立案标准,启动程序,执行收费标准和根据,执行费缓减免的条件和程序;(2)执行风险提示;(3)悬赏公告、拍卖公告等。

人民法院应当对重大执行案件的听证、实施过程进行同步录音录像,并允许当事人依申请查阅。有条件的人民法院应当为执行工作的人员配备与执行指挥中心系统相对接的信息系统,将执行现场的视频、音频通过无线网络实时传输回执行指挥中心,并及时存档,实现执行案件的全程公开。

(三)做好执行惩戒信息的公开

人民法院应当充分发挥执行信息公开平台对失信被执行人的信用惩戒功能,向公众公开以下信息,并方便公众根据被执行人的姓名或名称、身份证号或组织机构代码进行查询:(1)未结执行实

施案件的被执行人名单信息;(2)失信被执行人名单信息;(3)限制出境被执行人名单信息;(4)限制招投标被执行人名单信息;(5)限制高消费被执行人名单信息。

(四)积极参与征信平台建设

人民法院应当为各类征信系统提供科学、准确、全面的信息,实现执行信息公开平台与各类征信平台的有效对接。

第四节 实践探索:指数实验与地方经验介绍

一、阳光司法的指数实验

为大力推进辖区法院阳光司法工作,2011 年浙江省高院结合最高法院 2009 年底印发的《关于司法公开的六项规定》,制定并发布了《浙江法院阳光司法实施标准》,首次对全省法院阳光司法工作进行了达标考核。在此基础上,2012 年底浙江省高院又制定了《浙江法院阳光司法指数评估体系》,委托中国社会科学院法学研究所以此为基础,完善指标体系,对浙江全省法院的阳光司法工作进行指数测评。此后,中国社会科学院法学研究所于 2013、2014、2015 连续三年对浙江法院阳光司法工作进行了指数测评,大大促进了浙江法院阳光司法工作的长足发展,使得浙江法院阳光司法工作迅速迈入全国法院前列。

(一)指标体系介绍

《浙江法院阳光司法指数评估体系》的构建贯彻了依法公开、以人为本和科学务实的构建原则,既要求人民法院符合司法规律,向社会公开一切依法应当公开、能够公开、可以公开的内容;又要求司法公开,应当以人民群众的实际需求为依归,切实保障和满足当事人及社会公众对诉讼和司法活动的知情权、参与权、表达权和监督权,增进社会公众对司法的认知和认同;还要求阳光司法指数既要对司法公开状况做全方位、多角度、综合性的评估,也要尽可能通过一些最具代表性、典型性的指标来真实反映司法公开的实际水平，并兼顾司法指数实施上的可行性、便利性，确保工作取得实效。依据这一体系，阳光司法指数共包括 7 项一级指数（立案公开、庭审公开、执行公开、听证公开、文书公开、审务公开、工作机制）和 26 项二级指数。

1. 立案公开指数

在立案公开一级指数项下有 2 项二级指数，包括：(1)立案信访窗口应便民、标准、规范，该指标主要反映立案信访窗口的各种设施的完备度及便利当事人使用的程度；(2)案件信息录入及时准确完整，该指标主要反映当事人使用法院案件网上查询系统能否获得及时、准确、完整的案件信息。

2. 应审公开指数

在庭审公开一级指数项下有 7 项二级指数，包括：(1)公开开庭率，该指标主要反映应当依法公开开庭审理的一、二审案件是否公开开庭；(2)诉讼权利义务和重大程序事项告知率，该指标主要反映是否依法向当事人告知诉讼权利义务以及相关重大程序事项；(3)定案证据质证度，该指标主要反映据以定案的证据是否都经过质证；(4)庭审录像率，该指标主要反映庭审录像的比率；(5)庭审旁听便利度，该指标主要反映社会公众旁听庭审的便利情况；(6)一审陪审率，该指标主要反映落实人民陪审员制度的情况，也是反映诉讼民主状况和透明度的一个重要指标；(7)诉讼档案查询便利度，该指标反映当事人或诉讼代理人及社会公众向法院要求查阅案件诉讼档案的便利情况，主要体现为诉讼档案电子化情况。

3. 执行公开指数

在执行公开一级指数项下有 6 项二级指数，包括：(1)执行案件信息录入及时、准确、完整率，该指标主要反映执行案件网上查询系统所提供的信息是否及时、准确、完整；(2)执行评估、拍卖公开度，主要反映执行案件评估、拍卖机构的选定，评估、拍卖过程及结果的公开程度；(3)执行措施透明度，该指标主要反映采取查封、扣押、冻结等对当事人财产的重大限制措施时，是否依法告知当事人;(4)执行款物管理及处置公开度,该指标主要反映在收取、发放、划拨执行款物,保管、处理执行款物,采取强制管理、以物抵债措施等直接关系当事人权益的重大执行事项时,是否依法通知或者告知当事人;(5)被执行人失信信息曝光度,该指标主要反映通过报纸、网络等媒体和社会信用征信系统公布不履行法律文书确定义务的被执行人的基本信息、财产状况、执行标的等信息的情况;(6)执行裁决听证率,该指标主要反映对执行案件中直接影响当事人权益的重要裁决事项举行听证的比例。

4. 听证公开指数

在听证公开一级指数项下有1项二级指数,即听证程序透明度,该指标主要反映听证是否公开透明。

5. 文书公开指数

在文书公开一级指数项下有3项二级指数,包括:(1)裁判文书内容公开度,该指标主要反映适用普通程序审理以判决结案的案件的裁判文书在内容上的实质公开程度;(2)裁判文书上网率,该指标主要反映裁判文书上网公开的情况;(3)裁判文书查询便利度,该指标主要反映社会公众申请查阅裁判文书的便利程度。

6. 审务公开指数

在审务公开一级指数项下有4项二级指数,包括:(1)法院门户网站透明度,该指标主要反映法院门户网站是否及时、全面地公开法院基本情况及相关工作信息,以及采取有效措施真正满足当事人和社会公众知情权、参与权、表达权和监督权;(2)公众开放日开展情况,该指标主要反映公众开放日活动的开展情况;(3)新闻发布常态化,该指标主要反映建立和落实新闻发布制度,满足社会公众对司法活动的知情权和监督权的情况;(4)自觉接受监督情况,该指标主要反映自觉接受人大、政协和社会各界监督的情况。

7. 工作机制指数

在工作机制一级指数项下有3项二级指数,包括:(1)司法公开的组织保障,该指标主要反映是否成立了司法公开领导小组,是否落实专门人员负责这项工作;(2)司法公开工作信息化,该指标主要反映保障司法公开各种设施的信息化程度;(3)司法公开责任追究率,该指标主要反映法院是否及时、有效地处理当事人或社会公众对司法公开落实情况的举报投诉。

根据《浙江法院阳光司法指数评估体系》的相关规定,指数计算分四步进行:第一步,求得各项二级指数的分值;第二步,在第一步结果的基础上,求得一级指数的分值;第三步,根据权重折算出各项一级指数的实际分值。其中,立案公开的权重为15%,庭审公开为30%,执行公开为15%,听证公开为5%,文书公开为20%,审务公开为10%,工作机制为5%;第四步,加权汇总,将一级指数得分乘以其权重,再相加求和。

(二)测评情况介绍

受浙江省高院委托,中国社会科学院法学研究所于2013年、2014年和2015年连续三年对浙江法院阳光司法工作情况进行指数测评。每年测评均以《浙江法院阳光司法指数评估体系》为依据,但对测评指标有所整合和删减,比如2014年就将一级指标整合为审务公开、立案庭审公开、裁判文书公开和执行信息公开4项,二级指标整合为网站建设、法院概况、法院文件、人员信息、工作报告、统计数据、诉讼指南、权利义务及重大事项告知、案件信息查询、定案证据质证度、档案电子化、庭审录音录像、裁判文书公开平台、裁判文书不上网公开审批、执行指南、执行拍卖、举报电话有效性、执行措施透明度等18项。指数测评结果,发现了浙江各法院阳光司法的工作亮点,指出了浙江法院阳光司法工作存在的普遍问题和个性问题,并为浙江法院进一步做好阳光司法工作提出了改进建议,为促进浙江全省法院完善阳光司法工作提供了有益参考。

二、浙江法院的网络司法拍卖

2012年初,浙江省高院指定辖区内鄞州法院、北仑法院等为网络司法拍卖首批试点法院。2012年6月,浙江省高院与淘宝网合作开通“司法拍卖平台”。2012年6月21日15时21分，鄞州法院在淘宝网司法拍卖平台中发布了一辆三菱欧蓝德小型客车的司法拍卖公告。在事先设定起拍价和保留价后，法院不再介入拍卖过程，整个司法拍卖流程都通过网上操作，包括报名缴纳保证金、出价竞拍、支付拍卖成交款等环节。2012年7月9日上午10时，该轿车正式开拍，经过36个小时15轮的竞价，7月10日22时，该轿车最终被买家“C0520”以超过市场评估价6.7万元的价格拍走。本次网拍真正实现了“零佣金”，与传统拍卖相比，为当事人节省佣金3350元，整个拍卖过程，围观人数达88000余人。① 同日，宁波北仑法院一辆宝马730轿车顺利落槌。

就在浙江法院收获首次网上司法拍卖成功的喜悦时，传统拍卖行却一致表示质疑和反对。中国拍卖行业协会（简称“中拍协”）发表声明，对法院撇开专业拍卖机构进行单独操作表示不满，认为法院直接与淘宝网合作，违背了《拍卖法》及最高院相关司法解释。同年8月23日，最高法院召开新闻发布会，在谈到浙江法院在淘宝网拍卖公车时，最高法院司改办副主任蒋惠岭表示，在强调自上而下改革的同时，也尊重地方根据自身情况创新工作方法，保护地方的积极性。2013年网络司法拍卖在浙江法院全面推开。网络司法拍卖作为第三方交易平台，通过互联网竞价操作，将公告、竞价、成交过程置于阳光之下，有效杜绝了传统拍卖中的串标、围标和暗箱操作等潜行为，迅速受到全国其他法院效仿。

浙江法院推进网络司法拍卖的成功经验主要包括：

（一）从严要求

浙江省高院要求，凡是能够、适合网拍的标的一律上网进行拍卖。在此要求下，辖区内各法院一把手亲自过问，把关和协调好网

---

① 陈东升、余宁：《鄞州法院全面推行网络司法拍卖调查》，《法制日报》2014年2月22日。

拍过程中出现的相关事宜,明确委托部门与执行人员的职责分工,责任到位、到人,对必需的人员及费用予以重点保障。

（二）完善拍品信息

除查明拍品的财产权属、现状及有无瑕疵等基本信息外,注重做好拍品的细节展示。如对于机动车写明其排放标准、可否正常使用、钥匙是否齐全等,商品房写明是否拖欠物业、水电费,并详细展示房屋布局、小区配套设施及周边环境、是否系学区房等,以增加拍品吸引力,并减少违约。

（三）定期通报

浙江省高院定期对辖区各法院网络拍卖数、传统拍卖数及网络与传统拍卖百分比等情况进行量化排名式通报,以此促进各法院大力推进网络司法拍卖。

（四）加强宣传发动

努力扩大拍卖公告刊发载体范围,除在淘宝网、人民法院诉讼资产网、法院外网上公告外,还在当地报纸、电视台等媒体上进行集中宣传展示,以提高公众知晓度。

（五）注重配套服务

为帮助竞买人解决短期融资困难,消除潜在竞买人一次性付款的后顾之忧,增加竞买人数,提高拍品成交价格,浙江省高院鼓励辖区内各法院与金融机构协调沟通,积极为竞买人搭建贷款平台,助推网络司法拍卖。主动协调房产、车管等部门,加强工作衔接,帮助买受人快速办理标的物交付手续。

三、阳光司法的宁波经验

2011 年 3 月,宁波市中级人民法院成立了阳光司法工作领导小组,并由院长亲自担任组长,正式将阳光司法作为一项重点工作来抓。此后,宁波两级法院每年都制定阳光司法工作方案,在党委的正确领导和上级法院的科学指导下,循序渐进地推进阳光司法工作。经过长期的扎实推进,宁波两级法院阳光司法水平不断提升,宁波中院和辖区内鄞州法院先后被最高法院确定为“全国司法公开示范法院”。在2014年初中国社科院发布的《中国司法透明度指数报告(2013)》和《浙江法院阳光司法指数报告(2013)》中,宁波中院司法透明指数排名位列全国较大的49个城市中级人民法院第一。在81家法院(包括最高法院,31个省、自治区、直辖市的高级法院,以及49个较大市的中级人民法院)中排名第二。在《浙江法院阳光司法指数报告(2013)中,宁波两级法院占据了全省103家法院阳光司法指数排名榜前20名的7个席位。在2015年初中国社科院发布的《中国司法透明度指数报告(2014)》和《浙江法院阳光司法指数报告(2014)》中,宁波中院司法透明指数排名位列全国较大的49个城市中级人民法院第一,在81家法院中排名同样跻身第一。在《浙江法院阳光司法指数报告(2014)》中,宁波两级法院占据了全省105家法院阳光司法指数排名榜前20名的6个席位。因此,可以说,近年来宁波两级法院在推进阳光司法方面取得了骄人的业绩,呈现出诸多亮点,并逐渐形成全国看浙江,浙江看宁波的喜人局面。至今,宁波法院阳光司法工作已经逐步实现网络化、集成化、服务化三个基本特征。

(一)充分运用互联网思维,努力实现阳光司法网络化

根据2012年中国互联网络信息中心发布的《第30次中国互联网络发展状况统计报告》,截至2012年6月底,我国网民数量已达5.38亿,互联网普及率高达39.9%。因此,可以说,中国已经进入了互联网时代,互联网已经日益成为人们接收外界信息的主要渠道。在这一时代背景下,宁波法院与时俱进,充分运用互联网思维,大力推进阳光司法工作。一方面,努力通过现代科技手段,将一切可以公开的司法信息运用网络平台予以发布;另一方面,通过张贴公告、电子显示屏播放、发放门户网站查询案件进展告知书等方式引导当事人和社会公众正确使用网络,查询宁波法院阳光司法信息。

通过近几年的努力，宁波法院在互联网上公开司法信息的范围迅速扩大。2011年前，在宁波法院网发布的信息主要是司法政务信息和典型案件的裁判信息；而现在，在宁波法院网上发布的司法信息，都以当事人和社会公众需求为起点，公开内容已经拓展到立案、庭审、裁判文书、执行、司法政务等方方面面。公开程度也日益深化。就拿裁判文书公开来说，2011年以前，只是个别性、选择性地在网上向社会公众公开部分裁判文书；而现在，已经建立了严格的裁判文书全面上网制度，除涉及国家秘密的、个人隐私的、未成年人违法犯罪的、以调解方式结案的案件和确认人民调解协议效力的案件，以及部分不涉及实体结论的程序性裁定书外，原则上都通过中国裁判文书网对裁判文书予以公布。

（二）高度集成阳光司法工作，努力打造一站式服务平台

为进一步提升当事人和社会公众参与司法工作的便捷性，近年来，宁波法院一直致力于打造高效、便捷的阳光司法一站式服务平台。在建设一站式服务平台的过程中，经历了一个循序渐进的过程，这一过程大致可以分为三个发展阶段：

第一阶段是2011年，在阳光司法工作正式被该院作为一项单列的工作来抓的第一年，立案大厅是打造一站式服务平台的主要阵地，各法院先后将立案大厅改名为诉讼服务中心，重点建设立案大厅在立案、信访、诉前调解、电子公告、案件进展查询等方面的综合的、一体化的功能。

第二阶段是此后的2012年和2013年，在强调持续完善立案大厅的一站式服务功能的同时，开始着手打造门户网站的一站式服务功能，宁波各法院门户网站的阳光司法一站式服务功能日益健全。

第三阶段是2014年上半年至今，最高法院于2014年底提出了集成化的司法公开三大平台建设，在这一理念的指引下，宁波法院加大了门户网站的阳光司法集成化功能建设，并取得了累累硕果，集中体现为2014年建成并投入运行阳光司法综合服务平台。这一平台2013年已在鄞州法院试运行，运行效果较好。2014年，该

院在总结鄞州法院成功经验的基础上对这一系统进行了完善，并整合链接了中国裁判文书网、浙法公开网、淘宝拍卖会、全国法院失信被执行人信息查询系统等网站内容后，最终形成了综合性、全方位的宁波法院阳光司法服务平台。通常情况下，律师、诉讼当事人和社会公众足不出户，就能通过这一平台查阅大多数司法信息，与法院和法官互动。

（三）牢固树立服务理念，深入拓展阳光司法服务功能

阳光司法的基本价值属性是保障当事人和社会公众对人民法院司法工作的知情权和监督权。因此，阳光司法工作必须服务于向当事人和社会公众优质、高效地提供一切可供公开的司法信息。在这一理念的指引下，近年来，宁波法院门户网站建设从 2011 年前以宣传为主的价值取向迅速转变为以服务为主的价值取向。在进行门户网站建设时，宁波法院特别强调其服务功能，要求全市各法院门户网站均开通在线留言信箱，为社会公众立案信访，举报投诉，提出意见、建议等提供便利；要求门户网站应具有法院概况、诉讼指南、审判信息、执行信息、司法统计数据等栏目；具备实施远程预约立案、公告、听证、质证、提讯、调解、送达等方面的功能。如今，只要登录宁波法院网就会发现，宁波法院网已经成为名副其实的诉讼服务网站，当事人和社会公众足不出户就可以便捷高效地查询案件信息，进行诉讼咨询，了解和监督法院工作。多数法院的门户网站还提供了操作便捷的检索、查阅系统以及裁判文书意见反馈信箱，以便公众检索、查阅、下载裁判文书，发表意见建议。宁波法院阳光司法服务平台的服务功能更加明显，诉讼当事人只要登录这一平台，在当事人服务区，只要凭借立案密码就可以顺利查询立案信息、案件承办法官、开庭时间等所需信息，开庭结束后，还可以预约下载庭审视频，裁判文书发布后还可以下载裁判文书，向法官提出对判决的疑问等。在公共服务区，当事人和社会公众还可以查阅宁波法院裁判文书，参与和围观司法拍卖，查阅失信被执行人名单等。

第五节　与媒体互动：司法公开与舆论监督

阳光司法工程的实施大大拓宽了当事人和社会公众获取司法信息的渠道，也为舆论监督司法提供了极大的便利。但是，在进一步落实公开审判的宪法原则的同时，也必须妥善处理法院与媒体的关系，防止舆论审判代替司法裁判。根据2009年最高人民法院发布的《关于人民法院接受新闻媒体舆论监督的若干规定》，妥善处理司法公开与舆论监督的关系必须坚持五个原则。

一、主动接受监督原则

人民法院应当主动接受新闻媒体的舆论监督。对新闻媒体旁听案件庭审、采访报道法院工作、要求提供相关材料的，人民法院应当根据具体情况提供便利。对于社会关注的案件和法院工作的重大举措以及按照有关规定应当向社会公开的其他信息，人民法院应当通过新闻发布会、记者招待会、新闻通稿、法院公报、互联网站等形式向新闻媒体及时发布相关信息。

二、优先保障记者旁听的原则

对于公开审判的案件，新闻媒体记者和公众可以旁听。审判场所座席不足的，应当优先保证媒体和当事人近亲属的需要。有条件的审判法庭根据需要可以在旁听席中设立媒体席。当然，记者旁听庭审也要受到必要的限制，应当遵守法庭纪律，未经批准不得录音、录像和摄影。

三、统一管理原则

对于正在审理的案件，人民法院的审判人员及其他工作人员不得擅自接受新闻媒体的采访。对于已经审结的案件，人民法院可以通过新闻宣传部门协调决定由有关人员接受采访。对于不适宜接受采访的，人民法院可以决定不接受采访并说明理由。人民法院接受新闻媒体舆论监督的协调工作由各级人民法院的新闻宣传主管部门统一归口管理。新闻宣传主管部门应当为新闻媒体提供新闻报道素材,保证新闻媒体真实、客观地报道人民法院的工作。对于新闻媒体报道人民法院的工作失实情况,新闻宣传主管部门负责及时澄清事实,进行回应。

四、与媒体互动原则

人民法院应当建立与新闻媒体及其主管部门固定的沟通联络机制,定期或不定期地举办座谈会或研讨会,交流意见,沟通信息。人民法院与新闻媒体可以研究制定共同遵守的行为自律准则。对于新闻媒体反映的人民法院接受舆论监督方面的意见和建议,有关法院应当及时研究处理,改进工作。对于新闻媒体报道中反映的人民法院审判工作和其他各项工作中存在的问题,以及反映审判人员和其他工作人员违法违纪行为,人民法院应当及时调查、核实。查证属实的,应当依法采取有效措施进行处理,并及时反馈处理结果。

五、对违法行为追责原则

人民法院发现新闻媒体在采访报道法院工作时有下列情形之一的,可以向新闻主管部门、新闻记者自律组织或者新闻单位等通报情况并提出建议,违反法律规定的,依法追究相应责任:(1)损害国家安全和社会公共利益的,泄露国家秘密、商业秘密的;(2)对正在审理的案件报道严重失实或者恶意进行倾向性报道,损害司法权威、影响公正审判的;(3)以侮辱、诽谤等方式损害法官名誉,或者损害当事人名誉权等人格权,侵犯诉讼参与人的隐私和安全的;(4)接受一方当事人请托,歪曲事实,恶意炒作,干扰人民法院审判、执行活动,造成严重不良影响的;(5)其他严重损害司法权威、影响司法公正的。

第三章　提升质效:审判管理的改革和创新

第一节　价值定位:审判管理的内涵与功能

一、审判管理的内涵

企业生产管理的经验表明,管理是保证产品质量的重要因素,管理出质量,管理出效率,管理出效益。在某种意义上,司法裁判就是向当事人和社会输出“司法产品”。因此,法院要创造优质的“司法产品”,就需要在审判活动中引入科学的管理。

审判管理,顾名思义就是针对法院审判工作进行的管理。它具体是指运用组织、领导、指导、评价、监督、制约等方法,对审判工作进行合理安排,对审判过程进行严格规范,对审判质效进行科学考评,对司法资源进行有效整合,确保司法公正、廉洁、高效。①

审判管理从内容上可以分为审判指导监督、审判事务和决策管理。审判指导监督是院长、庭长对案件实体裁决的指导、监督等。审判事务和决策管理即围绕审判程序性事项和审判质效评测等辅助性事项,不介入或者干预案件实体审理和裁决的管理活动,具体表现为审判动态监控、审判流程管理、案件质效考核等。② 还有学者将审判管理分为广义的审判管理和狭义的审判管理。广义

---

① 江必新:《审判管理与审判规律抉微》,《法学杂志》2011 年第 5 期。

② 孙海龙、高翔:《审判事务管理权的回归》,《人民司法》2010 年第 9 期。

的审判管理包括内在于审判权运行过程中的各种管理行为和外在于审判权运行过程中的各种管理行为；狭义的审判管理是指近年发展起来的外在于审判权运行过程的由审判管理专门机构从事的各种专门管理活动。[①] 本书主要指广义的审判管理。

对审判管理的这两种划分方法，其意义在于审判管理实践活动的确存在对案件实体进行指导监督和对案件质效指标以及流程进行管理这两种截然不同的表现形式，它们有不同的性质和运行规律。[②]《中共中央关于全面深化改革若干问题的决定》提出"审理者裁判，裁判者负责"的审判权运行机制改革任务，这将对审判管理中的审判指导监督权的认识产生重要影响，为审判管理制度转型提供了新的改革方向。

二、审判管理的功能定位

"规范、保障、促进、服务"是审判管理工作的功能定位。规范的对象是非正常的审判执行活动，重在对审判权的行使形成有效监督和制约。保障的对象是审判权的依法独立公正行使，重在有效防范和解决影响审判权正常行使的各种不利因素。规范和保障的目的在于建立健全科学合理、规范有序的审判权力运行机制。开展审判管理，就是要促进提升队伍素质，促进提升案件质效，促进提升司法公信力，这是检验审判管理工作成效的最终标准。服务审判是审判管理的基本定位。开展审判管理要坚持以人为本，要寓管理于服务之中，在服务中实现管理。

---

① 沈德咏：《在 2010 年全国法院审判管理工作座谈会上的讲话》，《审判管理研究与参考》第二辑，法律出版社 2014 年版，第 26 页。

② 重庆市高级人民法院课题组：《审判管理制度转型研究》，《中国法学》2014 年第 4 期。

第二节　改革源起:审判管理改革的背景与动因

一、审判管理改革的背景

在新中国成立初期,人们对法院职能和性质的认识,与对国家行政机关的认识并没有什么不同,作为司法机关的法院完全被纳入了行政机关的行列中,不仅外部呈现高度行政化的特征,内部也是高度行政化运行。在这种背景下,虽然审判与管理相伴相生,但是审判管理长期被混同和包含于行政管理之中,没有引起足够重视,审判工作和审判管理工作往往被混为一体。这种审判与管理不分的司法行政化模式[①],主要表现为法官、合议庭等审判组织的审判权不能充分行使,案件主要由庭长、院长层层审核、逐级报批,审判委员会决定案件的职能被大大扩张,案件的审批把关成为审判管理的主要手段和方式。在这种混同管理体制和模式下,法院审判管理在操作方式和管理机制上显然也遵循着政府部门对业务进行行政管理的运行逻辑,不仅审判管理被包含在行政管理范围内,而且与诸如政务管理、人事管理等法院其他管理事项相互融合,甚至在上下级法院之间也贯彻下级对上级单向服从的科层制组织体系。[②]

20 世纪 90 年代中期以来,随着人们对法院组织的性质和审判职能以及审判活动自身特点认识的提高,特别是在“还权于合议庭、还权于法官”的审判方式改革中,人们意识到仅仅单纯放权,没有配套的监督制约机制,司法的公正与效率难以保障。在打破传统司法模式的过程中,法院系统开始重视审判管理,并将其作为法院改革和制度完善的重要内容。一些法院最先尝试推行案件审理

---

① 龙宗智:《审判管理:功效、局限及界限把握》,《法学研究》2011 年第 4 期。

② 杨知文:《中国法院审判管理认识的逻辑展开》,《前沿》2014 年第 1 期。

流程管理制度，设立独立于审判机构的管理部门对立案、开庭、结案等审理阶段进行统一安排并采取跟踪措施。这些做法得到了最高院的肯定，1999 年颁行的《人民法院五年改革纲要》（简称《一五改革纲要》）提出了“建立科学的案件审理流程管理制度”，由专门机构根据各类案件在审理流程中的不同环节进行管理。2005 年的《人民法院第二个五年改革纲要》（简称《二五改革纲要》）提出：“建立科学、统一的审判质量与效率评估体系，在确保法官依法独立判案的情况下，确立科学的评估标准，完善评估体系。”《二五改革纲要》的这些规定不仅清晰地区分了审判管理制度与案件审判工作的职能，而且将审判管理制度与法院其他管理制度的界限明确划分开来。[①] 在此基础上，各地开始了上级法院对下级法院的绩效考核。2008 年 1 月，最高人民法院下发《印发〈关于开展案件质量评估工作的指导意见（试行）〉的通知》，确定在北京、上海及江苏等 11 个高级法院率先开展案件质量评估试点工作。2010 年 8 月召开的“全国大法官审判管理专题研讨班”，标志着人民法院审判管理新格局的基本理论框架初步形成。2010 年 11 月召开的“全国法院审判管理工作座谈会”，从理论走向实践，形成了有组织、有系统的审判管理工作新格局。

二、审判管理改革的动因

（一）对审判权与审判管理权认识的深化是审判管理改革的直接动因

传统行政化的司法模式，使院、庭长在案件审批把关过程中，直接或间接干预或决定裁判结果，影响当事人的权利义务，导致审而不判、判而不审、议而不决的现象。在审判权运行机制改革过程中，人们认识到审判权与审判管理权是不同性质的权力，审判权运行机制的改革，势必要配套进行审判管理的改革，否则，审判权运

① 胡夏冰：《审判管理制度：回顾与展望》，《法律适用》2008 年第 10 期。

行机制的改革将无法深化。《一五改革纲要》提出院、庭长放权、还权,有些法院的院、庭长不再审批、签发案件,由于缺乏有效监督制约,实践过程中出现了一些问题,有些法院在“二五”改革后又收回了案件审批签发权。这种尴尬局面的产生,主要是审判管理改革未同步推进。

(二)案多人少的矛盾是审判管理改革的重要动力

随着经济社会的发展,沿海等发达地区案件数量激增,有些法院的法官不得不“5+2”“白+黑”地工作,身心俱疲。为了提高办案的效率,也防止因案件负担过重而出现“萝卜快了不洗泥”的现象,有些法院不断引入现代管理手段,向管理要质量、要效益,加强审判管理的改革,取得了较好的效果。如庭审记录改革,就是对特定案件庭审现场,不再由速录员记录,取而代之的是录音、录像,这大大节约了审判的人力成本。再如,开发裁判文书纠错软件,通过该软件,可以对裁判文书出现的文字等差错进行提示和修改。

(三)社会公众对法院工作质量的要求是审判管理改革的外在压力

随着社会公众法制意识的提高,对法院、法官的要求也不断提升。由于社会历史原因,我国法院的司法公信力不高,法官整体素质偏低,个别法官在审判工作中由于工作不认真、责任心不强,出现审判工作瑕疵,甚至极个别法官以权谋私,进行权钱交易,导致司法不公、司法腐败。在这种形势下,法院不断通过审判管理改革,加强对审判权运行的监督制约。如在执行工作中,司法拍卖是腐败高发环节,近几年来,省高院推行淘宝网司法拍卖,绝大多数拍卖标的通过淘宝网向社会公开拍卖,有效防止了法院工作人员和拍卖公司暗箱操作,使腐败难以滋生。

(四)信息技术的发展是审判管理改革的重要保障

随着现代信息技术的发展、新技术的应用,审判管理也如虎添翼,过去司法统计报表通过手工填写,费时费力,又难以保证准确、客观,由各部门、各法院自行上报数据,还可能导致做假账的问题,现在应用信息管理系统,法官录入数据后,信息化管理平台自动汇总数据,自动生成评估指标。过去,在案件审理过程中,管理者随时、任意对案件进行事中管理,是不可想象的事情,现在轻敲几下鼠标,全省、全市、全院案件立刻呈现。

第三节 责任分工:审判管理的主体及职责

一、审判管理的主体

审判管理的主体专门化和多元化并存。

审判管理的主体是审判委员会、院长、庭长、审判长、审判人员和专门的审判管理机构。专门的审判管理机构通常称为审判管理办公室(以下简称“审管办”)。

审判管理是一项系统性工程,虽然审管办是专司审判管理的职能部门,审管办不可能囊括所有的审判管理职能,相当一部分审判管理职能仍然由各相关职能部门行使,如审监庭的再审职能、研究室的审判调研指导职能、政治部的人事管理职能、纪检监察室的违法审判追究职能、各业务庭的自主审判管理职能等等,这些职能不会也不应因审管办的设立而消失和弱化。因此,在审判管理主体上必然存在专门化和多元化并存的工作格局。

二、审判管理的基本职责

根据《最高人民法院关于新时期进一步加强人民法院审判管理工作的若干意见》,审判管理具有以下 7 种基本职责。

(一)案件信息管理

案件信息管理是指运用以计算机、多媒体和网络通信为基础的现代信息技术,实现案件信息资源的高度共享和快速传递,全面推进审判综合管理工作。

管理主体要充分认识案件信息管理系统在审判管理整体工作格局中的基础性地位,切实促进审判管理理念与信息技术的有机融合,避免出现“有系统、无管理”的现象。通过案件信息管理系统的推广应用,推进司法公开,服务法官办案,实现审判数据采集自动化,提升审判管理集约化、精细化水平。要全面掌握本院及辖区法院的案件审判信息,做好数据采集、挖掘和分析工作,通过有效手段确保各类信息的真实、准确、全面。要根据不断变化的审判工作情况,结合审判管理工作实际需要,及时做好案件信息管理系统的维护与升级工作,以保障审判管理科学合理、切合实际。要做好案件信息管理系统与其他法院管理系统和软件的衔接工作,统筹兼顾,合理搭配,形成合力,切实发挥法院“三大管理”的综合效能。

（二）审判质量效率评估

审判质效评估体系,是指审判管理实施过程结束以后,根据管理的成效,对各项审判管理活动所进行的全面检查、分析、论证和总结,从中得出规律性的启迪,以达到不断提高管理水平,取得更好的审判管理效益,实现审判管理良性循环的管理活动。[①]

管理主体要科学规范设置审判质量效率评估指标的科学性、规范性以及指标使用的合理性。要科学合理设定审判质效评估指标及指标权重,尤其要尊重审判执行工作规律,注重设定合理区间,防止简单、片面、人为地追求某些指标数值的高低,防止偏重利用指标排名排序、把质效评估混同于绩效考核、忽略利用指标研究解决实际问题,使审判质效评估指标体系真正实现科学评估各项审判工作的“体检表”作用,切实发挥好正面导向。

（三）案件质量评查

案件质量评查主要是指对已审结案件开展全面、认真的评查,通报案件质量评查情况,分析存在的共性问题、苗头性问题并提出应对建议。

---

① 李兴山:《现代管理学》,现代出版社 1998 年版,第 188 页。

管理主体要结合审判工作实际，充分运用各种评查手段，努力推进案件评查的方式、范围以及结果的运用，深层发展审判工作，全面发挥评查工作的功能与作用。要注重案件质量评查结果的实际应用，切实实现以评查促审判质量的作用。要结合一定时期内审判工作中的突出问题，加强案件质量的专项评查和重点评查工作，尤其要加大对长期未结诉讼案件、久押不决刑事案件、涉诉信访案件、社会公众关注案件等重点案件的评查力度，促进化解审判工作的难点、重点问题。

（四）审判流程管理

审判流程管理是指在实现立案、审判、执行、审判监督等功能相分离的基础上，根据案件在审理过程中的不同阶段对案件的立案、分案、审限管理、结案、归档案卷移送等环节的运行情况进行规范有序的动态跟踪、监控和协调的综合管理系统。

管理主体要建立和完善统一收案、统一立案、统一结案以及电脑随机分案、审限管理等在内的审判流程管理工作机制。要通过不断完善审判流程管理，发现和解决审判工作中的实际问题，建立健全案件繁简分流机制，切实有效管控案件审理权限，向当事人及其他主体提供优质诉讼服务，充分发挥审判流程管理在保障审判权运行、提升司法效率、推进司法公开、促进司法为民等方面所具有的重要功能作用。要通过对案件流程信息的动态跟踪、汇总、分析，及时总结提炼制约审判质效的深层次问题，为司法决策工作当好参谋、助手，同时保障当事人及时知悉案件审理流程，切实保障当事人的诉讼参与权和知情权。

（五）审判运行态势分析

审判运行态势分析是通过对一定时期审判工作基本走势的分析研究，揭示审判工作的内在规律和存在的突出问题，提出推动和改进审判工作的办法和措施，是把握审判工作全局、总结审判工作经验、指导审判工作开展的必要手段，也是一项重要的审判调研工作，对增强审判管理工作主动性、前瞻性、服务性，促进审判管理工作由粗放式管理向精细化管理转变具有重要意义。

审判管理者要完善审判形势整体研判机制。要在广泛收集审判工作有关数据资料的基础上,深入分析,准确研判审判工作运行态势,提出有数据、有分析、有对策的决策建议,为院党组、审判委员会研判审判执行工作形势和科学决策服务。要不断完善审判运行态势分析工作的方式方法,丰富工作内涵,使审判运行态势分析既要涵盖制约审判效率的问题,也要涵盖影响审判质量的问题,做到对审判形势整体研判更全面、更深入,努力使审判运行态势分析这一管理职能发挥"智库"作用。

(六)审判绩效考核

审判绩效考核是按照审判工作特点将考核内容逐项分解、具体量化,设置出各种针对法院、业务庭、法官个人等的测评内容,并在年终按照指标体系数据的排名对法院、业务庭、法官个人进行评优评先,奖惩激励坚持正确导向。

管理者依法科学设定审判绩效考核的内容、项目和标准,避免由于考核项目、指标、权重等设置不合理对办案工作产生负面影响,特别是防止为追求考核成绩而干扰法院办案工作的正常开展。要尊重审判规律,合理评价人民法院各项审判执行业务工作,不宜简单采取下指标、定任务、末位淘汰等方式进行考核。要坚持实事求是,避免设置难以准确掌握的考核项目,防止弄虚作假或流于形式。考核的程序和方式要简便易行,避免给基层造成不必要的负担。要强化考核结果运用,将审判绩效考核结果作为法官评先评优、晋职晋级的主要依据。各高级人民法院要结合本地的审判工作实际,构建适合本地情况的考评指标体系。要正确处理好上级法院对下考评与下级法院独立审判的关系,防止考评内容超出上级法院依法对下监督、指导的职责范围,避免干扰下级法院依法独立行使审判权。

(七)审判委员会事务管理

审判委员会制度是我国司法制度的重要组成部分。审判委员会是按照“民主集中制”原则在人民法院内部设立的，对审判工作实行集体领导和监督的一种组织形式。

管理主体要强化审委会事务管理，促进审判委员会制度改革。要落实党的十八届三中全会提出的“改革审判委员会制度，完善主审法官、合议庭办案责任制，让审理者裁判，由裁判者负责”的要求，研究探索建立适应我国社会主义司法制度的审判委员会工作机制。要紧紧抓住审判经验总结、审判委员会决议事项的督促检查以及对后续相关工作的跟踪督办等几项工作重点，进一步整合工作职能，加强审判委员会的专业化和信息化建设，规范和完善审判委员会议题的提交、审议、督办等工作程序，建立健全审判委员会工作机制。强化对审判委员会决定、决议落实情况的跟踪督办和监督检查，切实提高审判委员会工作质量与效率，充分发挥审判委员会在审理重大、疑难、复杂案件，总结审判经验，以及监督、管理、指导审判执行工作等方面的各项职能作用。

第四节　进路探寻：审判管理改革的路径

为全面加强审判管理，提升审判质量和效率，浙江法院不断推进审判管理机制改革。截止到 2008 年 9 月，全省各级法院全部实现网上办案，案件立案、审判、执行及案卷归档、移送等工作流程环节都纳入了全省统一的管理系统，各个办案节点的相关数据得以实时录入。在此基础上，全省法院的案件流程信息和相关数据，每日定时经由中级人民法院的数据分中心汇集到省高院数据中心，从而建立起全省法院审判执行数据库，实现了对各级法院审判执行工作的全面、动态和实时监控。在此基础上，浙江法院着重从以下几方面推进审判管理改革。

一、建立全员参与的层级管理体系，充分调动各层面主体的审判管理积极性

审判管理是一项系统工程，具有主体多元化的特点，这就决定

了在审判管理过程中,审管办不能大包大揽,唱独角戏,只有调动起审委会、院长、庭长等其他主体的积极性,实行各层面主体的全员管理,才能开展好审判管理工作。全员管理,是指审委会、院长、庭长、审判员人员都是审判管理主体,每一主体都有职责,有权利,有义务,形成人人参与、个个有责的审判管理格局。这表现为:一是以审判委员会和院长为主体的宏观管理。审判委员会和院长作为审判管理的最高层级,要坚持"抓大放小",着重解决事关法院审判工作的方向性、原则性问题,为审判工作掌好舵、导好航。二是以审判庭为中心的二级管理。强化审判庭、合议庭的审判管理职责,明确审判业务庭岗位管理制度,突出分管院领导、庭长的"一岗双责",充分发挥二级管理在整个审判管理体系中的关键作用。三是以法官为主体的自我管理。自我管理主要是查清事实、推进程序、控制审限、提高法律文书质量和规范办案行为等个案管理,明确案件质量责任终身制。同时,法官还要对法官助理、书记员行使一定管理职责,指导法官助理和书记员做好相关工作。四是审管办是审判管理的枢纽,发挥参谋、助手作用。通过行使综合性审判管理权,积极发挥"规范、保障、促进、服务"的作用。

二、充分利用现代信息技术,不断拓展审判管理新空间

(一)利用信息技术主动服务审判执行工作

省高院开发涉案当事人关联查询系统,可查询被执行人在全省各地法院的涉案债权债务情况;开发电子"办案助手"、裁判文书职能纠错等软件,方便法院办案;积极推进全省法院与金融部门、政府部门内网之间的信息专项查询和互通共享,2012 年 6 月在全国率先建成了覆盖在浙所有商业银行的网上"点对点"协助查控存款系统。

萧山法院将档案管理与案件管理系统的卷宗材料结合起来,将数字法庭与案件管理系统的排期开庭结合起来,并解决诉讼材料实时扫描与卷宗档案数字化处理时重复工作的问题;完善委托

评估拍卖系统，实现审判系统与执行系统的数据交互和相关信息共享，建立全院案件的统一查询平台，增强软件的查询和分析能力，如增加案件的线索查询功能，方便查找案件审理、执行、上诉、抗诉等的全过程以及相关联的案件；增加关联案件组的自定义功能，除系统默认的关联案件判定规则外，允许用户将某些案件设为关联案件，便于分析判断。

（二）利用信息技术服务社会公众

鄞州法院在全国率先利用审判管理信息系统，创新司法公开的方式方法，在全国引起高度关注，目前该创新已在宁波全市法院推广。

鄞州法院综合运用语音、传真、互联网、短信息、触摸屏等各种先进技术手段，设计开发阳光司法综合信息平台。按照最高法院关于立案公开、庭审公开、执行公开、听证公开、文书公开、审务公开等六项规定的司法公开的要求，将立案、开庭公告、庭审视频、裁判文书、听证、执行、鉴定评估拍卖、审务八大类信息通过互联网、电话语音、手机短信、触摸屏四大系统对外公开。

例如，社会公众可以通过法院网站查阅立案、庭审、裁判文书、执行、鉴定等公共信息；当事人可以通过案件查询密码及当事人姓名，查阅案件的基本信息、审理进展、通知公告、诉讼费用缴纳情况及裁判文书，处理诉讼业务包括联系法官、预约提取庭审视频案卷，上传资料及判后答疑等。

三、科学设定案件质效评估指标，充分发挥审判质效指标的调控功能

案件质量是审判工作的精髓，是法院安身立命之本。科学的审判质效评估是衡量审判执行工作质效的重要依据，对审判管理工作具有引导、监督、约束、激励作用。案件质量评估体系是确立案件质量的量化标准，它是由一系列依法设定的，全方位、多角度反映案件质量的指标组成的有机整体。案件质量指标设计得是否

科学,直接关系到审判管理工作的成败。

浙江省高院审判质效评估体系建立于 2008 年,最初确定了同期结案率、月均存案工作量等 27 项指标,对每项评估数据赋予严格的定义和规范的计算公式,构成了审判质效评估体系的主要框架。同时,还设定了 11 项审判质量效率调研数据。[①] 经过多年反复比较、摸索、调整,目前审判质效评估分为审判质量效率评估数据和执行案件质量效率评估数据,前者有 15 项评估数据、11 项调研数据[②];后者有 17 项评估数据、7 项调研数据[③]。其中,调研指标主要用于调研参考以及一些效果性的指标,随着数据反映问题的突出程度的变化,评估指标和调研指标可以转换。

浙江省高院在质效指标设定中,着重考虑以下几个问题:

第一,能否全面准确反映审判执行运行态势

审判执行质效数据被视为"体检表",各中、基层法院的院领导,要对省高院通报的审判质效数据进行认真研究,从中找到数据背后隐藏的问题,总结经验,采取措施,弥补不足。这就要求在设定质效指标时,要全面考虑审判执行整个流程,指标的设定能够涵

---

① 参见《浙江省高级人民法院办公室关于印发〈浙江法院审判质量效率评估数据〉的通知》(浙高法办〔2008〕4 号)。

② 审判质效评估数据有:同期结案率、月均存案工作量、平均审理天数、上诉案件平均移送天数、结案均衡度、18 个月以上未结案数、民事调撤率、民事可调撤率、一审民事调解案件自动履行率、申诉率、申诉改判发回率、庭审录像率、可能判处三年以上辩护率。调研数据有:收案数、结案数、未结案数、人均结案数、法官人均结案数、审判工作量权重、(正常)审限内结案率、二审改判发回率、简易程序适用率、一审普通程序陪审率、诉前化解率。

③ 执行案件质效评估数据有:同期结案率、月均存案工作量、平均执行天数、评估拍卖变卖平均天数、执行款发放平均天数、18 个月以上未结案数、18 个月以上和解未履毕案件数、实际执行率、执结案中的实际执行率、执行标的(含恢复执行标的)清偿率、初执标的清偿率、案均标的清偿率、民商事案件实际履行率、网拍率、网拍成交额、执行异议成立率、制裁违法率。调研数据有:收案数、结案数、未结案数、人均执结数、(正常)执限内执结率、受托案件实际执行率、来省来信来访案件数。

盖立案、审判、执行、归档、信访等重要节点。

第二,能否促进突出问题的解决

审判执行质效数据被视为“指挥棒”,在质效指标设置中要考虑引导、鼓励各法院积极解决突出问题。年度办案“前松后紧”是过去比较突出的问题,为解决年底突击结案甚至停止收案的积习,专门设置了“结案均衡度”指标,各法院积极采取措施,保持每月结案的均衡,取得了较好的效果。

第三,能否反映工作实绩

审判执行质效数据被视为“成绩单”,在质效指标设置中要确保审判执行质效指标能够反映每个法院、每个部门和每个法官的实际工作情况,发挥指标数据的激励功能。例如,在民事调撤率的基础上,设置一审民事调解案件自动履行率,防止法官盲目追求调撤率,不注重案件质量、社会效果;为真实反映各法院的案件办理的工作量,专门设置了人均结案数和法官人均结案数。

第四,能否推进司法为民

审判执行质效数据被视为“风向标”,在质效指标设置中要考虑便民利民,不能为办案而办案。为保障犯罪嫌疑人的辩护权,提高指定辩护率,增设了“可能判处三年以上辩护率”指标;针对当事人反映执行款物发放不及时的问题,专门设置了执行款物发放平均天数。

四、主动作为,建章立制,构建科学的案件质量评查体系

案件质量是审判工作的生命,是审判管理的重中之重。案件评查主要做以下四方面的工作:

(一)加强对评查结果的利用

在定期评查、重点评查、专项评查和交叉评查基础上,科学界定评查范围,加强对评查结果的深化利用。针对审判管理中发现的突出问题,在征求相关审判业务部门意见的基础上,每年确定几项专题(如审限变更问题、上诉案件移送周期问题、民间借贷相对

人认定之同案异判问题、交强险免责事由之同案异判问题、违反强制性规定的合同效力之同案异判问题等),由审管办单独或联合业务部门和下级法院共同开展专项评查,及时发现司法尺度不统一、程序不规范的地方,对经常性、普遍性问题进行类型化梳理归纳,及时提出对策。

(二)着重推进全面评查

过去对案件质量的评查主要以事后和案卷检查为主,随着庭审录音、录像等现代信息技术的运用,案卷评查也向事前和事中延伸。评查机构可以利用案件信息管理系统,调取庭审直播,不需要到现场旁听,就可以在办公室进行案件质量评查,也可以调取立案窗口录像,对立案接待进行评查。

(三)挑错和评优同步推进

很多人认为案件质量评查就是挑毛病、找问题,对案件评查存有敌视。为充分发挥案件评查的积极作用,不少法院由审管办牵头,通过案件评查,评选出优质典型案件或者办案质量高手,进行表彰,鼓励优秀单位或者个人认真总结经验,积极进行推广。

(四)制订案件评查规范

宁波、嘉兴等法院在案件评查工作基础上,制订《案件质量监督评查管理办法》《案件评查标准》等制度,进一步规范评查工作规程,提高评查效能。这些规范主要内容为:明确了案件质量评查流程;对评查案件的范围做了详细规定;制订了案件质量评价标准;按照案件的性质,制订了不同评查标准;规范了案件质量评查的反馈,形成评查—通报—整改—回访常规机制。

五、强化节点管理,突出重点环节,规范审判流程管理

(一)立案环节的节点控制

在立案环节主要是缩短案件卷宗在立案部门的停留时间,解决因卷宗移送时间过长,影响业务部门案件审理时间的问题。为

杜绝人情案、关系案，不少法院建立了以计算机随机分案为主、指定分案为辅的科学分案制度。除特殊情况需要指定分案外，立案部门应根据各审判部门法官的案件积存数量和业务侧重，运用分案软件直接将案件随机分配到人，缩减案件流转环节，提高审判效率。同时，也应直接运用分案软件排定开庭日期，有效预防立案后长期不开庭或立案与开庭时间间隔较长的问题。

（二）审理环节的节点控制

审限监控是审理环节必不可少的关键性节点。当前，审限监控主要是通过对案件是否超审限的时间控制以及对法定扣除审限的事由进行规范，对案件办理过程中出现的审限延长、中止、审限扣除（和解、鉴定、评估等）、中断等四类案件的监控审查和管理，多数法院由审管办负责审查、确认工作，严格审限变更报批的条件、程序和时间，通过信息系统加大预警、催办、督办力度，杜绝违规超审限现象，每月发布案件审限变更情况通报，定期对审判流程运行节点进行专项评查，如开展了“案件审限变更情况专项评查”“案件审理节点用时情况专项评查”等。

（三）结案环节的节点控制

结案环节通过规范各类案件的报结标准和程序，要求法官将案件信息全部准确同步录入审判管理信息系统，多数法院实行结案扎口管理，对申请结案的案件，由审管部门人员核对有关信息录入的情况，对信息录入不完整、不准确的，不予办理结案手续，这确保了审判流程信息系统中的案件信息与案件真实信息完全一致，保证了审判流程公开平台中的信息真实性。

（四）归档环节的节点控制

有些法院采取先评查后归档的控制方式，即书记员在规定期限内将所有已结案件装订成册，统一移交审管办行全面评查，发现问题及时通知案件承办部门和法官整改后，由评查人员审查签字移送归档。有些法院则采用先归档后评查的方式进行，即由档案管理部门对卷宗装订质量和归档时间进行严格审查，并及时将归档信息录入审判管理信息系统,审判管理办公室通过系统重点监控归档时间是否超期,并随机抽取一定数量的归档案卷组织评查,定期通报监控和评查情况,督促相关部门和法官进行整改。

六、审判运行态势分析:重视审判态势分析,建立审判态势分析的长效机制

审判运行态势分析对于领导及时掌握审判工作动态,了解审判工作质量,研究审判工作热点、难点问题,科学决策,科学管理具有十分重要的作用。审判运行态势分析报告主要包括审判工作的现状特点、存在问题、建议对策三个部分。它要求数据客观、真实,分析及时、准确,对策科学、务实。

(一)审判运行态势分析工作常态化

审判运行态势分析常态化主要表现为编发审判运行态势分析,组织召开审判运行态势分析会。有的法院每月定期编发审判态势分析,有的法院由审管办每月向院领导汇报当月审判运行态势情况,每季度或每半年召开中层领导参加的审判态势分析会,对审判走势进行预测,对审判执行工作进行自查整改。针对实践中出现的一些突出问题和普遍性现象,不定期开展专项分析,及时召开审判态势协调会。

(二)审判运行态势分析全员参与

审判运行态势分析报告分为综合态势分析报告和专项态势分析报告。通常审管办负责前者,各业务庭负责后者。有的法院要求各部门每月或者每季度都要撰写审判态势分析报告,并提交审管办。针对审判运行中的疑难复杂问题,有的法院由审管办牵头,组织相关业务部门共同参与,集思广益。

(三)审判运行态势分析工作的保障机制

有的法院专门制订了审判运行态势分析工作制度,明确审判态势分析的主体、分析撰写的要求、发布的时间、分析报告的转化反馈机制等。有的法院将每季度的动态分析报告作为业务庭完

成工作考核指标之一，并选择优秀的分析报告在全院予以通报表扬，鼓励业务庭撰写更多优秀的分析报告。应性措施，以提升问题解决的针对性和有效性。还有的法院加强审判态势分析报告撰写的培训，请专家专题指导，确保高质量完成审判运行态势分析报告。

七、尊重司法规律，科学设置审判绩效考核

审判绩效考核和法院绩效考核或者岗位目标管理，是两种不同的概念。审判绩效考核主要针对的是审判业务工作；而法院绩效考核制度或者岗位目标管理，不仅要考核审判业务，还要考核职业道德、作风纪律、社会效果等情况。法院对部门主要采用岗位目标考核，审判绩效考核以一定的权重比例纳入岗位目标考核中，少数法院将岗位目标考核落实到个人。

每年法院根据工作需要，及时优化完善审判绩效考核指标和权重。突出案结事了的目标，围绕公正、效率、效果三大考核指标内容，进行修改完善，使考核既符合审判规律，又符合办案实际，既注重量化数据，又注重办案效果和社会评价。

为做好绩效考核，有的法院或者部门将各项绩效考核目标任务分解到各部门，明确责任人、责任领导，将各部门所承担的绩效考核目标任务制成明细表，使各部门负责人及主管领导对绩效工作指标不仅清楚底数、明晰任务，而且明确各个时间节点的目标和要求。

2014年底，最高法院决定取消对各高级人民法院的考核排名，取消考核排名并不是不考核，而是取消、清理不符合司法规律的考核指标或者考核做法。在下一步司法改革中，对法官审判绩效的考核将成为考核的重点。

八、明确职责，改革审判委员会事务管理

审判委员会的组成通常由院长、副院长、主要审判业务庭庭长构成。审委会的主要职责是讨论重大、疑难、复杂案件，总结审判

经验,讨论相关审判工作制度等。审判委员会实行定期例会制度,也可根据实际情况,由院长临时决定召开。审判委员会委员有一半以上出席时方能举行会议。审判委员会会议由院长主持,实行民主集中制,遵循少数服从多数的原则。审判委员会没有独立办事机构,辅助审判委员会工作的兼职办事机构有研究室,也有办公室。

审判委员会的改革举措主要有:

(一)设立专业审委会

根据审判委员会委员的专业特长和法院的实际情况,有的法院将审判委员会分成刑事专业审委会、民事专业审委会和行政执行专业审委会。不同专业特长的委员参加不同的审委会,这不仅发挥了委员的专业特长,提高了讨论案件的质量,也节约了委员的时间,运行效果较好。

(二)提交审委会案件的审查

为减少提交审委会案件数量,限定审委会讨论案件的范围,宁波法院对提交审委会案件实行前置审查,规定法官或者合议庭申请将案件提交审委会讨论时,须经分管副院长同意后,报研究室进行审查,经研究室审查后,向院长提出参考意见,如认为不应提交审查的,经院长同意,退回合议庭,对于应该提交审委会讨论的案件,研究室负责对法律问题进行研究,供院长参考。

第四章 促进和谐:法院调解的发展与创新

和谐社会不仅是中国传统文化的精髓,也是社会主义的核心价值和时代精神。自党的十六大和十六届三中全会、四中全会提出构建社会主义和谐社会的战略任务以来,“和谐”成为建设中国特色社会主义的价值取向,司法和谐的理念逐步深入人心。与此同时,强调协商与合作,淡化诉讼的对抗性,发展替代性的纠纷解决机制(ADR),也成为世界各国司法改革的潮流和趋势。“司法和谐”理念是在回应和谐社会需求与司法发展规律的价值取向中提出的理论创新,在纠纷的解决和矛盾的化解中加强沟通与合作,促进社会的和谐。在构建和谐社会的价值目标下,深深植根于中华大地的调解制度重新焕发了活力,在纠纷的解决中发挥着越来越重要的作用。

第一节 东方经验:法院调解的理念演变和现实意义

调解制度在我国具有悠久的历史,是一项具有中国特色的化解矛盾、消除纷争的非诉讼纠纷解决方式,具有便捷高效的特点,能够及时、彻底地化解矛盾纠纷,在我国的纠纷解决和民事司法中一直起着不可或缺的重要作用。调解制度以及调解主导型的民事审判式曾被认为是中国审判实践中最具代表性的特色之一,在国际上被誉为“东方经验”“东方之花”,并广泛地传播到国外,现代西方许多国家都开始运用调解方式来处理民事案件。

在中国,调解的种类很多。从调解主体的不同来区分,除了法院调解外,还有人民调解、行政调解、仲裁调解等。其中,人民调解是由人民调解委员会主持进行的调解;行政调解是在基层人民政府或者有关行政机关主持下进行的调解;仲裁调解是在仲裁机构主持下进行的调解。就性质而言,人民调解、行政调解、仲裁调解都属于诉讼外调解,即非诉讼性质的调解。法院调解,则属于诉讼内调解,因而也被称为诉讼调解、司法调解,是一种双方当事人在人民法院的主持下,以自愿、合法为前提,通过平等协商解决民事权益纠纷的诉讼方式。

一、法院调解的发展历程

与中国现代社会纠纷解决的发展历程相对应,①调解制度在我国司法政策上经过几次较大变化,从"调解为主""着重调解""依法调解"到"调解优先",经历了一个曲折的理念演变和发展过程。

在 20 世纪 80 年代末以前,我国十分重视调解,人民调解和法院调解都具有重要地位。从 60 年代提出的"依靠群众、调查研究、就地解决、调解为主"民事审判十六字方针,到 1982 年试行民事诉讼法规定的"着重调解",调解成为我国法院民事审判工作的基本政策导向,大多数民事纠纷是通过调解解决的,比如 1989 年全国法院审结的一审民事案件中,调解结案数约是判决结案数的 4.2 倍。而据《中国法律年鉴》的统计,在 80 年代,人民调解与诉讼解决纠纷的数量比例约为 10∶1,最高达到 17∶1。

在法治化进程中,由于社会环境的改变、诉讼理念的变化等原因,以调解为主导解决纠纷的做法受到质疑,1991 年制定的《民事诉讼法》对诉讼调解的原则和制度做了相应的修改,确立了"自愿合法"的调解原则。自此以后法院调解案例逐年下降,到 2000 年,法院的判决结案数开始超过调解结案数。人民调解制度的地位和

① 中国现代社会纠纷解决的发展历程大致分为三个阶段,即以非诉讼方式为解决纠纷主要方式的"前诉讼时代"、以诉讼为纠纷解决主要方式的"诉讼时代"和以多元化方式解决纠纷的"后诉讼时代"。参见徐昕:《论私力救济》,中国政法大学出版社 2005 年版,第 5 页。

功能也逐渐弱化,2001 年人民调解与诉讼的比例下降为 1∶1,调解制度由此一度走向低谷。

近年来,随着构建和谐社会目标的提出,调解在解决纠纷方面所具有的经济性、彻底性和良好社会效果重新受到重视,调解制度由此重新焕发了生机,并且呈现出欣欣向荣的发展势态,在构建社会主义和谐社会过程中发挥着越来越重要的作用。

二、法院调解的现实意义

在中国特定国情下,法院调解已成为我国社会政治生活的重要组成部分,被称为"中国的衡平法",①其价值意义表现在以下几个方面:

其一,在全面建设小康、构建和谐社会的大背景下,人民法院作为国家审判机关,在化解矛盾纠纷、维护社会和谐稳定中作用重大。尤其在当前法治权威尚未建立、全民法治意识尚未成熟、司法公信力尚未树立的情况下,调解制度的合理使用,可以最大限度地利用司法手段减少不稳定因素,在一定程度上缓解社会矛盾,有利于和谐社会的建设。

其二,我国正处于社会经济转型期、社会矛盾多发期和法制建设发展期,个体利益凸显,群众权利观念和法制理念增强,各类社会纠纷数量激增,种类日趋复杂,各种矛盾和纠纷不断涌入法院,司法成为社会矛盾和社会冲突的聚焦点,上访、申诉、缠诉的大量发生,使得社会对司法的权威性和公正性产生了极大的信任危机。调解的运用,对缓和社会矛盾和对抗,维护社会的基本价值伦理,达成社会的整体和谐,无疑是十分重要的。

其三,诉讼的激增和程序的日趋复杂化,使有限的司法资源不堪重负,法院案多人少的矛盾十分突出,案件积压非常严重,严重影响了司法效率。而法院调解所具有的自愿性、灵活性、开放性、

---

① 江伟主编:《民事诉讼法学原理》,中国人民大学出版社 1999 年版,第 78 页。

简易性、高效性、低廉性等特点,不仅可以最大限度地降低诉讼成本,节省司法资源,减轻法院办案压力,而且可以更好地解决当事人之间的矛盾纷争。

为适应新形势下民事调解工作的要求,最高人民法院从深入落实“司法为民”的要求和维护社会稳定的大局出发,制定和发布了一系列规范诉讼调解的司法解释,强调用调解方式解决民事纠纷。2002 年 1 月与司法部联合制定《关于进一步加强新时期人民调解工作的意见》,同年 9 月制定了《关于审理涉及人民调解协议民事案件的若干规定》;2004 年 8 月,出台了《关于人民法院民事调解工作若干问题的规定》,对诉讼调解制度进行了全面改革;2007 年和 2010 年又分别发布了《关于进一步发挥诉讼调解在构建社会主义和谐社会中积极作用的若干意见》《关于进一步贯彻“调解优先、调判结合”工作原则的若干意见》,对诉讼调解制度做了进一步完善,确立了“调解优先、调判结合”的工作原则和指导思想。

第二节 调判结合:法院调解的实践和经验

多年来,浙江法院以促进社会和谐为目标,贯彻和谐司法的理念,充分发挥审判职能作用,始终坚持“能调则调,当判则判,调判结合,案结事了”的原则,不断强化诉讼调解,为及时化解各类社会矛盾,节约审判资源,维护社会稳定,促进地方社会经济发展发挥了积极作用。

一、坚持和谐司法,建立全方位的诉讼调解机制

浙江法院转换司法理念,坚持抓好“和谐司法”,在诉讼内寻求和构建协商性程序,加强诉讼中的合作与沟通,全方位地推进诉讼和解和调解机制,丰富司法政策和技术,促进社会和谐。

(一)在民事司法方面

认真落实调解优先的原则,正确处理好调解和判决的关系,将

调解贯穿于民事审判工作的全过程,充分保障当事人选择以合理方式解决纠纷的权利,倡导当事人依法诉讼、诚信诉讼、理性诉讼,有效化解矛盾纠纷,实现法律效果与社会效果的有机统一。

(二)在刑事司法方面

全面贯彻宽严相济的刑事政策,对严重刑事犯罪,依法严惩;对轻罪案件,则以挽救教育为目的,将惩治作为教育罪犯的后盾,并积极探索建立认罪速裁程序和附条件的认罪从轻处罚制度,建立未成年人轻罪记录消灭制度和老年人犯罪适度从宽的法律机制。同时,推动建立刑事自诉、轻微犯罪、未成年人犯罪、刑事附带民事诉讼的刑事和解制度,通过积极有效的调解工作,化解当事人恩怨和对抗情绪,减少社会对抗。

(三)在行政司法方面

着力做好行政审判协调工作。在不违背法律规定的前提下,对行政赔偿案件依法开展调解。在依法维护和监督行政机关依法行使行政职权的同时,针对不同案件特点,通过积极有效的协调、和解,妥善化解行政争议。为发挥法院和政法良性互动机制的作用,预防和化解行政争议,浙江省高院于2008年开始开展行政审判"白皮书"活动,就全省行政诉讼的总体情况、案件特点、存在问题以及建议,以行政审判"白皮书"的形式向省委和省政府做专题报告。

二、强化调解意识,民事调解稳步发展

尽管我省法院的民事调解工作受到司法政策调整、审判方式改革、司法资源有限以及社会矛盾日益复杂化、多元化、易激化等因素的影响,对诉讼调解的认识也有反复,但全省各级法院一直十分重视诉讼调解在民事案件审理中具有的彻底化解矛盾、实现案结事了的功能。特别是在推广新时期"枫桥经验"中,浙江法院充分认识到诉讼调解所具有的彰显司法人性关怀、有效降低诉讼对抗性、提高诉讼效率的独特优势和积极意义,进行了大量的实践,

形成了自己的经验和做法。

进入新世纪以来,浙江各级法院坚持调解优先的原则,不断强化诉讼调解在民事审判中的作用,具体表现为:

第一,强化调解意识

要求各级法院和法官要从践行司法为民、维护社会稳定、构建和谐社会的高度,充分认识诉讼调解的政治意义,从提高司法效率、缓解涉诉信访压力、积极应对复杂的司法外部环境的角度,充分认识调解工作的现实意义,将调解贯穿于民事诉讼的全过程,形成承办法官、庭领导、院领导注重调解、参与调解的格局,充分利用一切调解机会,平息纠纷,化解矛盾。

第二,注重规范调解,提高调解质量

不少法院建章立制,制定调解工作规则,建立调解工作考评机制,从权利告知、法律释明、过程公开、合法审查等各方面规范调解工作,能调则调,当判则判,使调解工作的开展有章可循,避免调解的随意性和非规范性,努力使调解过程和结果都为各方当事人信服。

第三,注重对法官调解能力的培养

实践证明,法官调解意识的强弱与调解成功率的高低有着直接的关系。因而各级法院,尤其是基层法院将法官调解能力的提高作为司法能力建设的重要组成部分,着力提高基层法官化解矛盾、定纷止争的能力,并通过调解业绩考评制度激励法官调解的积极性,对于调解能力强、工作实绩突出的法官,通过评选"调解能手"的方式,给予一定的物质和精神奖励。

经过十几年的努力,"调判结合"的理念在浙江各级法院已经牢固树立,调解和撤诉成为法院处理民事案件的重要结案方式。对比浙江省 2001—2005 年、2010—2014 年民商事案件的结案数据,可以发现,诉讼调解工作整体上稳步发展。从 2001 年到 2013 年,我省一审民商事案件的结案数增长了将近一倍,但调解结案率维持在 38%左右,调撤结案率维持在 57%左右(参见表 4-1、表 4-2)。

表 4-1　浙江省 2000—2001 年一审民事案件调解、撤诉结案情况

	结案(万)	调解(万)	撤诉(万)	调解率	撤诉率	调撤率
2001 年	26.97	10.16	5.46	37.64%	20.24%	57.89%
2002 年	25.23	9.53	4.99	37.77%	19.79%	57.55%
2003 年	23.92	9.15	4.95	38.27%	20.69%	58.97%
2004 年	23.71	9.29	4.95	39.19%	20.90%	60.09%
2005 年	19.11	7.33	4.14	38.37%	21.67%	60.04%

表 4-2　浙江省 2009—2013 年一审民事案件调解、撤诉结案情况

	结案(万)	调解(万)	撤诉(万)	调解率	撤诉率	调撤率
2009 年	39.89	14.20	7.65	35.59%	19.19%	54.78%
2010 年	39.84	15.20	7.32	38.15%	18.39%	56.54%
2011 年	41.00	16.05	7.80	39.15%	19.03%	58.18%
2012 年	48.25	18.09	9.02	37.49%	18.07%	55.56%
2013 年	52.63	19.28	10.17	36.64%	19.33%	55.97%

三、突出调解重点，明确诉讼调解的适用范围

在司法实践中，各级法院特别根据调解优先的原则，把调解作为处理民事案件的首选结案方式和基本工作方法，对依法和依案件性质可以调解的所有民事案件，都首先尝试通过调解方式解决，并且在此基础上明确调解的适用范围，突出诉讼调解的适用重点。

在案件范围上，尤其注重对三类案件进行调解：

(一)适合通过调解处理的案件

主要是婚姻家庭纠纷，继承纠纷，宅基地和相邻关系纠纷，合伙协议纠纷，劳务合同纠纷，权利义务关系较为明确的损害赔偿纠纷，以及诉讼标的额较小的纠纷，除根据案件的性质和当事人的实际情况不能调解或者显然没有调解必要的以外，应当先行调解。

(二)群体性纠纷和矛盾易激化的案件

比如事关民生和群体利益,需要政府和相关部门配合的案件,可能影响社会和谐稳定的群体性案件、集团诉讼案件,社会普遍关注的敏感性案件,当事人情绪激烈、矛盾激化的再审案件、信访案件,等等。

(三)案情复杂、难以形成优势证据的案件,以及法律没有规定或者规定不明确、适用法律困难的案件

2004 年 3 月,专门在诸暨市召开了全省法院审理群体性与矛盾易激化民事案件座谈会。针对这两类案件成因复杂、涉及面广、对抗性强,成为审判执行的难点并且数量呈逐年上升的趋势,要求全省各级法院高度重视这两类案件的审理,并着重做好调解工作。

对上述三类案件,诉讼中着重进行调解,尽量避免裁判失当,有效化解社会矛盾,促进社会和谐稳定发展。

在审理程序上,结合案件繁简分流和速裁机制的运行,强调调解在处理简易案件中的作用。最高人民法院《关于适用简易程序审理民事案件的若干规定》针对 5 类适用简易程序的案件,要求应当先行调解。一些法院设立民事简易案件速裁组,专门负责办理道路交通事故案件等简易民事案件。速裁组对案件的处理以调解为主,在接到案件后立即进入速裁程序组织调解,调解成功当场发送调解书,大大提高了诉讼效率。

四、拓展调解阶段,建立“全时段”调解机制

在案件审理过程中,各级法院努力将诉讼调解贯穿于民商事诉讼立案、审判、执行的各个诉讼阶段,贯彻于一审、二审、再审、信访的全过程,针对各个办案环节的不同情况和特点,抓住审理中每一个可能达成调解协议的环节,构建“全时段”调解机制。

(一)立案调解

即在案件立案后、移送审判业务庭之前,充分利用立案窗口

“第一时间接触当事人、第一时间了解案情”的优势，对于适合调解或者有可能调解的案件，积极引导当事人选择调解方式解决纠纷。立案阶段的调解以效率、快捷为原则，对当事人拒绝调解、无法及时与当事人及其委托代理人取得联系或者案情复杂、争议较大时，则及时移送审理，以避免案件在立案阶段积压。在实践中，许多法院把探索和强化立案阶段的调解作为一个重点来抓，从审判活动一开始就积极展开调解工作，取得了良好效果。

（二）庭前调解

即在案件移送审判业务庭、开庭审理之前，当事人同意调解的，及时进行调解。一是在送达起诉状副本等诉讼材料时，如果发现原、被告双方对案件事实基本无争议或争议较小则积极争取双方同意，进行调解。二是在审前准备程序中，经过证据交换或者审前会议，当事人对各自的诉讼主张和争议焦点有了较为充分的了解，可以对案件的处理结果进行一定的预测，此时进行调解往往能取得良好的效果。比如，东阳市人民法院建立庭前调解制度后，从2004年至2005年7月，庭前准备组织调解民事案件1280件，调解结案1020件，调解率高达79.69%。

（三）庭中调解

即在庭审中进行调解，这一阶段是从当事人双方在指定开庭日到庭开始到当事人离开法庭为止。庭审阶段最重要的调解环节是在法庭辩论终结之后，经过法庭调查和法庭辩论，案件事实往往已经明了，案情接近明朗，此时进行调解，成功率高。法官通常会针对案情对双方当事人进行利害分析，提示诉讼风险，协商可行的调解方案，争取双方当事人达成一致。

（四）判前调解

在案件宣判前，感觉不利的一方当事人通过调解减少损失的愿望比较强烈，此时仍有机会促使双方达成协议，平息争端。

在实践中，许多法院积极拓展调解机制，将立案调解、判决送达前调解等纳入整个诉讼调解体系，建立全方位、立体性的调解模式。比如,宁波市镇海区法院实行诉讼调解"四延伸":一是调解场所延伸,调解不再局限于庄严的法庭,而是可以移到气氛比较宽松的调解室;二是调解阶段延伸,即案件调解不限于开庭时间,而是延伸到立案、送达、开庭之后等各个诉讼阶段;三是调解时间延伸,推行假日法庭、夜间法庭、巡回法庭,在开庭时间安排上灵活调整,以使部分当事人能够在不影响重要工作的情况下进行调解;四是调解手段延伸,调解不局限于面对面,而是灵活采用电话调解、远程视频调解、QQ图文调解等新方式,使一些外地当事人免除奔波之苦。诸暨市枫桥人民法庭在实践中摸索出"诉前、庭前、判前"调解的"三前"调解法,对发生的纠纷通过加强对人民调解组织的业务指导,合力把纠纷调解在成讼前;对诉至法院的纠纷,通过实施法官助理制和迳行调解制度,由法官助理开展庭前调解,尽力把纠纷调解在开庭前;对庭前调解不成的案件,由法官通过庭审陈述、举证、质证和辩论后及时提示诉讼风险,努力把纠纷调解在宣判前。

第三节　诉调对接:法院调解与人民调解的协力互动

多年来,浙江法院坚持和发展"枫桥经验",多方联动,力求实现诉讼内外各种纠纷解决机制的有效衔接,形成了贯穿诉讼全过程的诉前调解、立案调解、审判调解机制,以及与诉讼外纠纷解决相衔接的委托调解、邀请调解和司法确认机制。

一、诉调对接机制产生的背景

随着我国经济社会的快速发展,社会主体的利益诉求日益多元化,对争议解决方式也提出了多元化的要求。因此,重视和积极发展以人民调解为代表的各种非诉讼纠纷解决机制,构建社会"大调解"机制,成为当前司法机关、行政机关以及民间组织的共同期望和任务。

作为化解社会矛盾纠纷的“第一道防线”，不论在“诉讼时代”，还是在“后诉讼时代”，人民调解都是除诉讼以外，被运用最广泛、最成功、最高效的纠纷解决方式。因此，将审判工作与人民调解工作紧密联系在一起，以现有的基层调解组织为载体，建立完善的诉调对接机制，加强对人民调解的指导，与法院诉讼调解相互配合，实现基层调解组织与法院之间的良性互动，形成一个以法院为核心和支撑，以社会为依托和基础的纠纷解决机制，是当前构建多元化纠纷解决机制最为便捷的一种路径。

为贯彻中央关于诉讼与非诉讼相衔接的矛盾纠纷解决机制改革的总体部署，根据中央批准的“法院做好诉调对接、国家建立大调解格局、立法机关制定法律”的“三步走”改革进程安排，最高人民法院于 2009 年 7 月发布了《关于建立健全诉讼与非诉讼相衔接的矛盾纠纷解决机制的若干意见》，初步解决了诉调对接的主体和程序问题。2011 年 4 月，中央综治委等 16 个部门联合印发了《关于深入推进矛盾纠纷大调解工作的指导意见》，为在全国范围内建立多渠道、多层次解决纠纷的“大调解”格局提供了重要的政策指引。根据该意见，最高人民法院于 2012 年 4 月制定了《关于扩大诉讼与非诉讼相衔接的矛盾纠纷解决机制改革试点总体方案》，进一步深化诉讼与非诉讼相衔接的矛盾纠纷解决机制改革，并确定了 42 家法院为试点法院，浙江省的杭州市余杭区人民法院和诸暨市人民法院被列为试点法院。

二、浙江诉调对接工作的实践基础

浙江的诉调对接工作起步比较早。由于浙江地处沿海东部地区，改革开放起步较早，市场化程度较高，各类新型社会纠纷便随之不断出现，面对司法需求急剧增加与司法资源有限短缺之间的矛盾，浙江省法院以及各级党委、政府充分认识到建立一个能够满足社会主体多种需求的多元化纠纷解决机制的重要意义，积极探索诉讼与人民调解、行政调解等非诉讼纠纷解决机制相衔接的路径和方法。早在 2002 年 5 月，浙江省高院就与司法厅联合制定了

《关于进一步加强对人民调解工作指导的意见》,杭州、绍兴、丽水、舟山等中级人民法院与当地司法局也先后联合颁行了关于加强人民调解与诉讼调解对接机制的规定,逐步探索、建立人民调解、行政调解与诉讼程序衔接机制。为进一步加强诉调衔接机制的建设,浙江省高院与司法厅又于2009年8月联合发布了《关于进一步加强诉调衔接机制建设的若干规定(试行)》,要求各级人民法院和司法行政机关按照"党委领导、政府支持、多方参与、司法推动"的原则,切实加强协调配合,推进诉讼与非诉讼相衔接的矛盾纠纷解决机制建设,构建诉调对接工作平台,为人民群众提供更多可供选择的纠纷解决渠道。

作为"枫桥经验"的发源地,浙江开展诉调对接工作具有良好的历史传统和现实基础。20世纪60年代初,浙江省诸暨市枫桥镇干部群众在社会主义教育运动中,创造了发动和依靠群众,"小事不出村,大事不出镇,矛盾不上交,就地化解"的"枫桥经验",成为全国政法战线的一面旗帜。尔后,"枫桥经验"得到不断发展,形成了具有鲜明时代特色的"党政动手,依靠群众,预防纠纷,化解矛盾,维护稳定,促进发展"的枫桥新经验,成为新时期司法工作与群众路线相结合的典范,为构建诉讼与非诉讼相衔接的矛盾纠纷解决机制奠定了坚实的基础。

从社会基础来看,经过长期的发展,浙江的非诉调解制度比较健全,在纠纷化解中发挥着重要作用。据浙江省高院2007年的调研统计,全省的人民调解组织共计47077个,90%以上达到标准化调委会的要求,组织机构建设得到了加强,乡镇(街道)人民调解委员会、村(居)人民调解委员会、村(居)小组调解小组或调解员三级网络基本健全。全省共有专职调解员20477人,兼职调解员149877人,其中具有高中以上文化程度的占59.88%,一大批有文化、懂法律政策、熟悉社情民意、道德素养较高的人员进入了人民调解队伍。人民调解在化解基层社会矛盾纠纷方面显示了基础性的作用,2004年至2007年上半年,全省人民调解组织共调解各类纠纷661622起,调解成功率为97.18%,调解协议自动履行率为

96.57%。此外,交警、派出所、工商、劳动监察等行政职能部门和工会、消费者协会等团体、组织,都在开展行政调解和行业调解。据不完全统计,2004 年至 2007 年上半年,全省部分行政职能部门调解或参与调解与其职能相关的纠纷 782356 起,调解成功率为 85.75%,调解协议自动履行率为 90%。①

三、诉调对接五大工作平台的构建

自 2002 年开始,浙江法院在发展"枫桥经验"的基础上,大力推进诉讼与非诉讼相衔接的矛盾纠纷解决机制,构筑起诉调衔接的五大工作平台。

(一)以联席会议为依托的工作协调机制

建立联席会议制度,联席会议由法院、公安、司法行政部门和相关行政部门,以及工会、妇联等参加,其主要任务包括制订本地区人民调解及诉调衔接工作发展规划,研究人民调解及诉调衔接工作中遇到的问题和困难,剖析影响本地区社会稳定的重大疑难纠纷,指导人民调解组织开展工作,等等。

(二)以立案接待大厅为平台的纠纷分流机制

全省法院都已经建立标准化、规范化立案接待大厅,基层法院普遍建立了人民调解窗口,成为诉调对接、案件分流的平台。法院在审查当事人起诉时,可根据情况将案件分流到以调解、速裁等不同的诉讼方式进行处理,对适合由人民调解等途径先行处理的,积极引导当事人选择人民调解。据统计,至 2012 年,浙江省基层法院的人民调解平台已经全面建成,90 家基层法院均实现了人民调解窗口的全覆盖;222 个人民法庭中有 102 个建立了人民调解窗口,共配备专职人民调解员 360 人,兼职调解员 777 人。

---

① 参见浙江省高级人民法院课题组调研报告:《关于人民调解、行政调解与诉讼程序衔接机制的调查和思考》(课题组成员:包祥水、魏新璋、方暇风、叶向阳、程建乐、孟德玖)。

(三)以人民法庭、巡回法庭为平台的纠纷就地化解机制

将人民法庭工作融入社会矛盾大调解工作机制中,同时在案件较多、交通不便的山区、农村、海岛建立巡回法庭或设立巡回审判站点,协助人民调解组织做好调解、法律咨询等工作。

(四)以司法确认为保障的人民调解权威形成机制

自2007年起,各地法院积极探索人民调解协议的司法确认,依法赋予调解协议强制执行力,大大增强了人民调解的权威性和公信力。

(五)以人民法院为主导的人民调解员业务培训机制

调解衔接机制的建立和完善,有赖于调解组织和调解员能力、素质的提高。浙江各地法院克服案多人少、人手紧张的困难,切实承担起对人民调解组织、调解员的培训、指导职责,按照"不缺位、不错位、不越位"的要求,创新模式,不断改进和加强对人民调解工作的指导,促进人民调解的规范化。

四、诉调对接的具体方式

为弥补司法资源的不足,各地法院尝试通过诉前调解、委托调解、协助调解等方式构建诉调对接平台,建立全方位的调解机制,将民间调解力量引入司法,形成法院调解与人民调解的无缝对接,实现司法的刚性与人民调解的柔性两者优势互补。

(一)指导人民调解

浙江的人民调解组织设置总体上比较健全,基层组织都设有人民调解委员会,居委会、村委会和大型企业内也都设有相应的人民调解组织,并有固定的办公场所和调解人员。但是,调解人员在纠纷调处能力、群众信任度与接受程度上仍有较大不足,素质参差不齐,年龄老化、文化程度偏低等问题制约了人民调解工作的有效开展。为了提高人民调解员和基层调解组织的阶分化解能力和法律素质,为诉调对接工作奠定基础,浙江各地法院在指导人民调解

的实践中积极探索，建立起多种人民调解员指导机制和方法，具体包括：

其一，“一对一挂钩”的联络机制。各地法院普遍建立了资深法官与人民调解组织的归口联络制度，从各业务庭室选任业务素质好的法官担任各乡镇街道的兼职人民调解指导员或者联络员，定期深入对口的人民调解委员会，了解情况，沟通信息，及时指导。

其二，“法官做教官”的培训机制。通过法官授课、以会代训等方式，由资深法官定期或不定期地给人民调解员上辅导课，帮助人民调解员更新法律知识。

其三，“以案说法”的传帮带机制。选择典型案例，组织人民调解员旁听和观摩庭审，事后进行讨论，帮助其理解相关法律法规和调解技巧。

其四，“瑕疵案件反馈”机制。对人民调解组织违法调解达成的协议，经审理依法予以判决变更、撤销或确认无效的，结案后及时沟通，将裁判文书寄送给原纠纷的调解组织，并向调解组织做出书面反馈，说明调解协议书被变更、撤销或确认无效的原因，分析其存在的问题、不足及原因，以强化人民调解工作的成效和规范化建设。

其五，“学习材料发放”的指导机制。例如宁波市镇海区法院、海盐县法院定期编写《人民调解工作指导》《民事审判动态》等刊物，发送给人民调解组织，不断丰富和创新指导方式、方法。

（二）诉前调解

诉前调解是立案前的调解，其基本做法是：法院在立案接待时，对于案情简单、争议不大的民事案件，征得当事人同意后，可暂缓立案，引导当事人选择人民调解，并将案件移送到设置在法院的调解室、人民调解工作窗口，或者辖区内的人民调解组织，由人民调解员进行诉前调解。调解成功的，由人民调解组织制作调解协议或者由当事人即时履行，以妥善处理纠纷，当事人也可以就调解协议申请法院进行司法确认。当事人不同意调解或不能达成调解协议的,则由人民法院及时立案处理。

诉前调解,形成了民事案件的过滤机制和分流机制,使得一部分适合调解和容易调解的案件在诉前得以化解,节约了诉讼成本和司法资源。为有效开展诉前调解工作,各地的基层法院通过实践逐渐形成了完善的工作机制和程序。

一是建立人民调解窗口,为诉前调解提供平台。基层人民法院和有条件的人民法庭在立案场所设置人民调解工作窗口,一般是在立案大厅设置人民调解室,并配备两名以上专职人民调解员,根据需要选聘若干名兼职或特邀人民调解员,建立调解员名册。人民调解窗口的建设,为开展诉前调解和诉中委托调解等诉调衔接工作提供了有效的平台。

二是加强立案时的诉讼引导,法院在立案接待时首先对当事人进行诉讼指导,告知诉讼程序,提示诉讼风险,主动宣传人民调解的优势和特点,以自愿为主,说服劝导相结合,消除其疑虑,引导当事人合理选择纠纷解决方式。

三是法院配合进行指导和监督。诉前调解由于是在立案受理前进行的,性质上属于人民调解,法院不能擅自干涉调解员的具体调解工作,但可以进行必要的指导和适度的监督,以加强调解的规范性。

(三)委托调解

在案件受理后、裁判做出前,经当事人同意,法院将案件委托给有关的组织和人员进行调解。调解成功的,由法院进行审查并出具调解书;调解不成的,则退回法院继续进行审理。委托调解的机制比较灵活,调解人可以由当事人共同选定,也可以经双方当事人同意,由人民法院指定。根据案件情况和需要,既可以委托人民调解、行政调解、行业调解等调解组织,也可以委托在诉讼前接待处理过该纠纷的工会、妇联、乡镇综治办等部门进行调解,还可以委托与当事人有特定关系的人大代表、政协委员进行调解。不过,在实践中,一般是委托人民调解或者行政调解进行调解。多数法院借助人民调解窗口这个平台，将案件委托调解室的人民调解员进行调解。

委托调解不仅可以减轻当事人的负担和缓解法院的工作压力，实现诉讼与人民调解的优势互补，还具有其独特的程序价值：

其一，可以借助特定的社会力量有针对性地化解纷争。在委托调解时，可以根据案件情况选择委托特定的组织和人员进行调解，比如与当事人关系比较密切的调解组织、熟悉案件情况的社会团体等，有利于促成调解。

其二，可以缓和民事诉讼中调审主体合一的弊病。由于法官在调解程序中具有双重身份，既是调解者又是居中裁判者，这种双重身份可能导致法官采取各种方式促成调解，甚至产生以判压调等强制调解的倾向。而委托调解在一定程度上实现了调与判的分离，避免了法官的身份冲突。

（四）协助调解

协助调解，也称为邀请调解，是指在诉讼中，法院根据案件的情况邀请有关单位或者人民调解员、专家、律师等协助人民法院进行调解。与委托调解的“托出去”不同，协助调解是一种“请进来”的衔接方式，协助法院调解，通过引入社会力量以弥补司法自身的先天不足，应对一些特殊案件对法官素质的特殊要求，提高了法院纠纷解决能力。比如，对医患纠纷等案情复杂、矛盾易激化的纠纷，可以邀请具有专门知识、特定社会经验的人员参与协助调解；对涉及群体利益或者敏感性强、社会关注度高的纠纷，则邀请政府和相关部门协助调解。

（五）司法确认

司法确认，是经双方当事人申请，法院对人民调解协议进行审查并确认其法律效力，从而使经确认的调解协议获得强制执行力。对人民调解协议进行司法确认，是近年来诉讼与非诉讼对接机制建设的一项制度创新，这一制度是通过司法增强人民调解协议的效力，从而将人民调解的自愿性、简易性与司法的规范性、强制性相结合,大大增强了人民调解的公信力。从制度源流来看,司法确认发端于甘肃省定西法院系统的实践,定型于最高人民法院 2009 年的《关于建立健全诉讼与非诉讼相衔接的矛盾纠纷解决机制的若干意见》,并最终在 2011 年的《人民调解法》和 2012 年的《民事诉讼法》中得到确认。

为加强人民调解的效力,早在 2002 年 5 月,浙江省高院就与司法厅联合下发了《关于进一步加强对人民调解工作指导的意见》,规定法院可以在自愿、合法达成的调解协议的基础上进行调解或判决。2007 年起,全省各地法院开始积极探索对人民调解协议的司法确认。2011 年 9 月,浙江省高院下发了《关于人民调解协议双方确认若干意见》,完善人民调解的司法确认制度。至 2012 年,全省已有 70 家法院以司法确认书的形式对人民调解协议效力进行司法确认,办理确认人民调解协议的案件 17362 件。

2012 年的《民事诉讼法》实施后,司法确认的程序得到了统一。根据现行法律规定,当事人在经人民调解达成协议后,可以共同向人民法院提出申请,经法院适用特别程序进行审查,并采用裁定的形式进行确认。

五、诉调对接的实践探索

在构建多元化纠纷解决机制的实践中,浙江法院因地制宜地开展诉调对接工作,形成了一些具有代表性的做法。

(一)特色各异的纠纷综合化解机制

浙江省各地法院不仅推行与人民调解组织的对接,还加强和道路交通、劳动争议、医疗、保险等行政性调解组织和行业性调解组织的协作,建立具有地方特色的对接机制,实现"职能互动、优势互补、资源共享、责任共担",推动纠纷的多元联动调解,使矛盾纠纷的化解更具有针对性和时效性。比如,浙江省高院与中国互联网协会调解中心签订了委托调解协议,建立了涉网纠纷诉讼与行业调解之间的衔接机制;宁波市中院与贸促会协商,成立了以调解知识产权案件为主的调解中心；普陀法院与大型船舶企业、水产加工企业、服务性企业建立了诉调对接机制，建立了旅游纠纷网格快速调处机制、劳动争议纠纷解决协调机制、涉渔纠纷诉前调处机制。

（二）上城法院的诉调对接中心

杭州市上城区法院于2012年4月率先在全省法院系统成立了诉调对接中心，配备5名有丰富审判经验的指导法官，10名送达员、书记员，并与区司法局联合向社会公开遴选了7名有着丰富社会经验的专职人民调解员，确定了以法院主导调解、搭建对接平台、加强调解指导的诉调对接多元纠纷解决工作模式。① 在诉调中心，由法官带专职调解员组成诉调小组，法官指导、参与专职人民调解员调解案件，对当事人申请的各类调解协议进行司法审查和确认。社会经验丰富的调解员与法律专业素养深厚的法官"强强联手"，让调解更加专业化，能够快捷高效地化解矛盾纠纷。三年以来调解化解了民商事纠纷3538件，占全部民商事案件的35%。

（三）温岭法院的协助调解员制度

为了让更多矛盾纠纷能及时、快捷、便利地得到化解，缓解法院案多人少所带来的诉讼压力，温岭法院结合工作实际，发挥司法的能动性，充分借助社会力量，于2004年开始试行"协助调解员制度"，从辖区人民调解员中挑选优秀调解员，聘请为法庭的协助调解员，协助法庭开展调解工作。经过箬横和新河两个法庭的试行，调解撤诉率提高了15个百分点。2005年底，在认真总结试点经验并进一步完善的基础上，温岭法院开始在全院6个法庭推广协助调解员制度，并出台了一系列文件，进一步予以规范。

---

① 参见往光旺：《区法院诉调对接中心正式运行》，http://www.hzsc.com.cn/content/2012-10/24/content_5138903.htm，发布日期：2012年10月24日。

协助调解员制度的适用以婚姻家庭、相邻关系、人身损害赔偿纠纷案件为主,法官可以根据当事人意愿和案件具体情况,选择在立案时、开庭前、开庭时或开庭后邀请协助调解员参与调解。协助调解员分固定与不固定,不固定的协助调解员由当事人自己选择确定后邀请参加或由法庭通知参加,固定的协助调解员一般从具有较高社会威望和丰富调解经验的优秀人民调解员中选任,并根据各法庭辖区内经济发展情况的不同,有所侧重,如农业、渔业区的箬横、新河、松门、石陈法庭,一般都选择村干部,工贸区的大溪、泽国法庭一般在行业协会里选任协助调解员。协助调解员是人民调解与诉讼调解之间的联络者,是法庭开展诉讼调解的参谋者和具体调解过程中的协助者,其具体职责主要是:协助调解、执行、送达法律文书等。

协助调解员制度作为落实科学发展观、践行司法为民宗旨的有力举措,其着眼点在于调动社会力量参与调解,最大限度拓展调解主体,为人民法庭引入外力解决纠纷提供了制度平台。截至2013年,温岭法院共计聘请了153名协助调解员,邀请协助调解员3066人次,参与审理案件1928件,其中调解结案1552件、撤诉136件,取得了良好的成效。①

(四)文成法院的特邀海外调解员制度

文成是浙江著名的侨乡,涉侨案件频发且逐年递增,2008年至2012年共受理涉侨案件1686件,占民事案件总数的22.76%。针对涉侨案件送达难、公证认证烦琐、公告期长、旅居海外的当事人参加诉讼的成本高等问题,文成法院在深入调查研究、认真讨论分析的基础上,于2009年11月在国内率先推出"特邀海外调解员制度",在涉侨案件当事人比较集中的意大利米兰市聘请两位具有一定法律素质和丰富调解经验的侨领为法院的特邀调解员,其主要

---

① 参见夏群佩:《协助调解员:基层司法引入民间力量的实践——以温岭协助调解员制度运行为考察样本》,《中共南京市委党校学报》2013年第3期。

职责是:协助确认当事人身份及见证民事起诉状签字委托授权,协助送达,协助调解,协助督促当事人履行生效法律文书等。

特邀海外调解员制度的建立,不仅缓解了涉侨案件送达难、执行难问题,并且通过特邀海外调解员的协助调解提升了涉侨案件的调解率,缩短了涉侨案件的办案周期。2010 年以来,海外调解员在国外协助法院送达 182 人次,较大程度减少了适用公告送达案件的数量;2009 年以来,海外调解员协助法院调解 176 件,接受法院委托调解案件 91 件,调解成功达成协议的 69 件,当事人权益更为有效地得到保障,受到海外华侨的欢迎,并得到了中央电视台、《法制日报》以及海外华人媒体的报道和肯定。①

(五)镇海法院的社会矛盾联合调处中心

为了打破固有的地域及行业局限,整合信访、维稳、司法、纪检、政法等单位调处矛盾工作资源,提高解决矛盾纠纷的能力,2011 年 4 月,宁波市镇海区法院会同维稳办、司法局、信访局、劳动保障局、总工会共同筹建"镇海区社会矛盾联合调处中心",由各部门选派工作人员定期、分批入驻,集中处理社会矛盾调处、涉诉信访、群体性事件等。联调中心内设民事纠纷、医患纠纷、国土资源纠纷、城市管理纠纷、交通事故纠纷、劳动争议等六个专业调解工作室,有效调处影响全区稳定的跨区域、跨行业和群体性重大矛盾纠纷,做到接待、分流、协调、督办、归档"五个统一"。由法官、律师、心理咨询师等组成"专业调解咨询机制",为各类调解组织提供业务指导,努力打造司法调解、人民调解、行政调解、仲裁调解紧密衔接的大调解工作体系。

该中心运行仅 4 个月,就接待 1650 批 2539 人次,其中分流至劳动部门 1094 批 1709 人次,立案 136 批,办结 113 起;分流至法律援助中心 302 批 309 人次;分流至城管部门 78 批 81 人次;其他资

① 参见周虹:《浙江省文成县人民法院关于建立特邀海外调解员工作机制的调研报告》,《人民法院报》2013 年 6 月 27 日。

讯类176批440人次。镇海区的信访总量与2010年同期相比下降了30%左右。①

第四节　以和为贵:法院调解方法的积极探索

一、法院调解基本内容和要求

法院调解,是法官说服、引导当事人和睦协商、互谅互让达成协议,从而平息争端的过程。在调解中,法官是调解的主持人,其主要工作内容和方法包括:(1)释明法律,充当法律讲师,向双方当事人传递与案件有关的法律信息;(2)澄清事实,向当事人说明争议中的实质性问题,搞清案件的基本事实,剖析过错,晓以利害,帮助当事人站在法律的角度明辨是非;(3)消除对抗,对双方当事人进行疏导,动之以情,晓之以理,缓解双方的对立情绪,帮助当事人冷静、理性地对待纠纷;(4)平等协商,引导双方当事人就解决争议的问题进行协商,互谅互让,寻求解决争议的合理方案,促进双方达成协议;(5)约束行为,在调解中对当事人的行为依法进行约束,使他们诚实守信,遵守承诺,自动履行,实现案结事了,避免任意反悔或者恶意进行调解。

人民法院在调解民事案件时,应当遵循以下三个方面的要求:

(一)自愿

调解的本质特征是始终尊重当事人的意愿,使当事人在自愿的前提下参加调解,在平等协商的基础上达成共识,从而使纠纷得到圆满解决。自愿是全方位的,贯穿在调解的方方面面。在调解的启动、调解的过程以及调解协议的具体内容上,都应该尊重当事

---

① 参见王量迪、张如新等:《镇海区探索社会矛盾联合调处新举措》,http://news.cnnb.com.cn/system/2011/08/17/007042607.shtml,发布日期:2011年8月17日。

人意愿，体现当事人的真实意思，审判人员不能进行强制，也不能以哄骗、言语威胁等方式促使当事人接受调解。

（二）以法为据

法院调解是一项诉讼活动，作为审理案件的重要方式，调解的过程以及调解协议的内容无论是在程序还是在实体上，都必须符合法律规定，避免调解的随意性和非规范性，不能违背公序良俗，也不能损害国家、社会或第三人利益。

（三）讲求效率

高效简便是调解解决纠纷的优势和特征，因而调解的案件应当遵循效率原则，尽快结案，能调则调，当判则判，避免久调不决或者以拖压调。

调解是一项综合性的工作，对法官个人素质提出了较高的要求，不仅需要法学功底，还需要社会学、心理学等多方面的知识；不仅需要理论知识，还需要丰富的实践经验和社会阅历。法官不仅要从理论上充实自己，还需要深入社会、深入基层，不断贴近人民群众，把握社情民意，了解本地风俗习惯，学会运用群众语言，善于从情、理、法多重角度做思想工作，使调解过程和结果都为各方当事人信服。

二、法院调解方法的实践探索

调解具有技巧性和艺术性，在调解工作中必须十分注重调解经验、方法和技巧的运用。为提高调解质量，浙江各级法院十分注重调解方式，讲求调解方法，在实践中不断探索、创新，总结出了许多行之有效的调解方法和经验。

（一）以情动人，营造温馨的调解环境和氛围

调解的关键是要消除当事人的激烈情绪和对立心理，为弱化诉讼的对抗性，许多法院都尝试温情调解，在调解场所和环境上下功夫，努力营造温馨的调解氛围。比如，温岭法院的新河法庭设立“温馨调解室”，法官和当事人同坐一张圆桌，以平静的心态、拉家

常的方式进行调解。朱学军法官调解工作室为了烘托工作室的氛围,采用浅红暖色调,中间摆放便于平等对话、握手言和的“T型圆角”调解桌(形状像钥匙,寓意打开当事人双方心结),并配上布艺凳子、饮水机和绿色植物等设施和装饰,营造出温馨、舒适的环境。沈金汝调解工作室在环境布置上把传统的办公桌椅改成布艺沙发与玻璃茶几,把卷帘改成了布帘,使调解工作室呈现家居客厅式的温馨,每个走进工作室的当事人都会受到“一张笑脸相迎、一杯茶水解渴、一句贴心话暖心”的礼遇。这种舒适、宽松的氛围拉近了法官和当事人的距离,为当事人创造了自由协商、互谦互让的宽松环境。

(二)总结规律,区别案件类型进行针对性调解

不同的案件,对调解有不同的要求;而同类型的案件,在调解方法上往往具有一定规律。比如家庭成员间的纠纷,最为重要的是以亲情感化当事人,血浓于水,在情景中触动当事人的内心。不少法院针对同类型案件的个性,总结经验,分析调解工作的不同方式方法,进行案件分类和分工调解。比如,宁波市镇海区法院,在民一庭内部设置相对固定的合议庭,分别办理不同类型的案件,提高调解的专业化,取得了良好的效果。如将权属侵权类中的人身损害赔偿案件交由具有丰富调解经验的审判长承办,2006年此类案件除公告案件外,调解率接近90%,且调解后的实际履行率也达到了80%左右。另将婚姻家庭类中的离婚案件交由另外两位资历较老、经验丰富的审判员承办,调解撤诉率亦达到65%左右。①

(三)把握时机,冷处理与短平快相结合

调解虽然以效率为基本目标,但也并非一概而论,还需要针对

① 宁波市镇海已人民法院调研报告,《从一元“走向多元”——和谐理念下民事纠纷多阶段解决机制的构建》(课题组成员:傅勇、刘天忠、曾庆锋、陆志英、卓黎黎、戴遥遥)。

案件的情况，摸清当事人心态，掌握调解时机和火候，区别轻重缓急，当快则快，该慢则慢，准确把握案件的处理节奏。一般情况下，案件的调解宜早不宜迟，对争议不大、外力影响较小的案件，当事人在起诉时对抗情绪尚不激烈，在立案阶段进行调解效果往往会很好。有的案件需要趁热打铁，快刀斩乱麻，将矛盾化解在萌芽状态，否则拖延之下矛盾可能会进一步激化，小争端可能会变成大事件。而有的纠纷，处理时机尚不成熟，或者当事人情绪比较激动，就更适宜进行"冷处理"，事缓则圆，等双方恢复理性、平静心态之后，再择机进行调解。比如因家庭矛盾、邻里纠纷等一时负气引发的案件和矛盾尖锐的案件，起诉时双方正在气头上，常常针锋相对、互不相让，此时进行调解往往会事倍功半。用"冷处理"方法，让双方回去考虑一段时间。经过一段时间的冷静，再加上双方家庭成员以及关系密切的亲戚、同学、朋友等"中间人"说服劝导，多数当事人会发现自己的不足和对方的优点，此时再进行调解，往往能使得双方消除隔阂，和好如初。

（四）灵活运用，"面对面"与"背靠背"相结合

调解是一种三向性的活动，即法官、原告、被告的三方参与，一般而言应进行"面对面"调解，即调解时双方当事人同时在场，这样利于当事人之间的沟通，增强调解的透明度，并且可以通过当事人的交锋发现事实和调解的切入点。但是，有的案件矛盾较大，当事人对立情绪严重，如果进行"面对面"调解往往难以取得效果。因此，一些法院和法官在调解实践中，适当采取"背靠背"的方式，将"面对面"与"背靠背"两种方式相结合进行调解。"背靠背"调解主要是通过分别做当事人的调解工作，摸清原、被告的底线，以便法官提出合适的建议方案。而且，分头做工作，可以避免当事人针锋相对，导致情绪激动而影响调解。① 在同一案件中，根据具体情况

---

① 李使：《调解是如何进行到底的——基层法官调解历程的实证研究》（宁波市镇海已人民法院调研论文）。

分别采用“面对面”和“背靠背”的调解方式，缩小当事人之间的差距，为最终达成调解协议打下基础。

三、法院调解方法创新的实例

（一）“真情调解”与“法理调解”并重法

宁波市北仑区法院将纠纷分为利益型纠纷和情感型纠纷，在调解方式上分别采取“法理调解”和“真情调解”两种方法。

对利益型纠纷，以“法理调解法”为主导。创造性地运用“点穴法”，充分发挥法官自身的业务能力，在与当事人的短时间交流中，迅速捕捉争议的事实和焦点，抓住要害点“死穴”，尽量以理服人。碰到双方都不让步的情况，根据已经大致确定的审判方向，抓住无理当事人的“软肋”，促成调解。

对情感型纠纷则以“真情调解法”为主导。“婚姻案件有旧情，赡养案件有亲情，邻里纠纷有乡情，欠款纠纷有友情，道赔纠纷有同情。”[①]法官通过外部观察、内心分析，从群众的行为举止等方面找准矛盾症结，从家庭伦理、血脉亲情、朋友情义等角度进行真情疏导，解开心结，调处纠纷。比如在 2012 年 3 月审理的一起人身伤害纠纷中，刘某因与马某酒后产生争执，用啤酒瓶将马某砸伤。刘某觉得马某骂人在先而拒绝赔偿，而马某因为受伤耽误工期被老板扣奖金，双方因此积怨很深，多次发生口角甚至动手。法官了解到两人都是从同一个村出来打工的，曾经一起睡过桥洞，是患难与共的朋友，于是将案件的审理地点放在当年桥洞的空地上，两个当事人看到法官安排的“旧地重游”，对立情绪明显缓和，法官趁热打铁进行调解，不到一个小时就使得两人达成协议，握手言和。[②]

---

① 最高人民法院政治部、江苏省高级人民法院主编：《人民信服的好法官》，人民出版社 2010 年版，第 286 页。

② 王家星、贺磊、谢春华：《“小对接”构建“大和谐”——浙江省宁波市镇海区人民法院调解对接多元化解矛盾机制调查》，《人民法院报》2012 年 9 月 6 日。

（二）“四点”调解法

沈金汝法官调解工作室在耐心调解、公心断案的过程中，注重抓好“四点”进行调解：一是针对当事人不同身份，选准“主攻点”。根据当事人的年龄、职业、文化程度等因人施策，分析其价值观及诉讼心理，同样的一个观点或理由，从不同的角度分析，举不同的例子，选择不同的语言方式交流，使当事人能够认同并接受。二是准确把握当事人争执的主要焦点，选准“沟通点”。从情感和道义的角度，耐心地与当事人沟通，与任何有利于化解矛盾的人沟通。三是剖析当事人双方的心理态势，选准“切入点”。注重结合当地风俗和社会公共道德，引导当事人正确认识纠纷形成的主客观原因，换位思考，缓和对立，促成互谅互让，心平气和地化解矛盾。四是摸清当事人双方复杂的社会关系，选准“感化点”。互不相让时，寻找双方当事人均信服的亲戚朋友等中间人，告知其纠纷的症结及调处的重点，使其帮助做工作，利用说情者“幕后”调解，将“说情者”变为“说服者”，促成调解。

（三）“水哥调解法”

南浔区人民法院双林法庭的审判员沈阿水在多年的审判工作中，积累和总结了许多调解的方法和技巧，形成了独具特色的“水哥调解法”，即“抓牢一个点、走好五大步、选用五方法”。“一个点”是指在调解案件过程中，努力寻求“法、理、情、和”的最佳结合点；“五大步”是指“倾听理解、摸清底线、框定架构、分析利弊、一锤定音”；“五方法”是指正反对比法、亲情服务法、换位思考法、整合多方力量法和分类调解法。在做到“五大步”的同时，将“五方法”穿插其中，力求达到最佳调解效果。凭着优秀的调解技能，沈阿水2008—2012年所办理的案件调撤率达到79%，高于全省基层法院平均水平近15个百分点。①

---

① 《百姓心中的“阿水哥”》，http://nanxun.zjcourt.cn:88/art/2014/5/22/art_2329_196755.html，发布日期：2014年5月22日。

第五节 与时俱进:法院调解机制的特色创新

在司法改革的大背景下,全省各地法院对诉讼调解制度的改革进行了大胆尝试,不断推出新的举措,探索调解的新路径,在调解机制和调解模式上做出了很多创新,取得了积极效果。

1.设立调解法官和审判法官,尝试调判分离和调判适度分工。尤其是在庭前准备程序中,结合证据交换程序,选派调解法官进行调解,最大限度地在审前化解纠纷。如湖州市南浔区人民法院结合审判组织模式的改革,推行"121""321"审判单元模式,试行专门的法官助理从事诉讼调解工作,使调判适度分离,防止以判压调,保证诉讼调解的质量。

2.拓宽调解主体范围,允许法官助理、书记员参与主持调解,由主审法官对最终达成的调解方案进行指导、把关。

3.利用诉讼费率的杠杆机制鼓励调解,对经调解达成协议的案件,可以按和解撤诉处理,在诉讼收费上减半收取,以激励当事人更多地选择调解的方式解决矛盾纠纷。

4.建立健全以调解案件分类化、调解法官专业化、调解方法特定化为内容的类型化调解机制,提高调解同类案件的工作效率和成功率。如许多基层法院针对道路交通事故损害赔偿纠纷逐年上升的状况,相继成立交通审判调解组织,选择有丰富调解经验的法官专门从事该类纠纷的调解工作,针对性强,成效显著,2002年至2005年,全省一审道路交通事故损害赔偿纠纷案件的调解撤诉结案率高达80%左右。

在诸多的调解机制创新中,最值得一提的是一些法院所成立的以法官个人姓名命名的法官调解工作室,如湖州市吴兴区法院环城法庭的沈金汝法官调解工作室、杭州市江干区法院的朱学军法官调解工作室、南浔法院的水哥法官调解工作室等。法官调解工作室是浙江基层法院探索司法调解社会化路径的有益尝试,其目的是通过打造司法品牌,不断研究总结富有法官个人特色的调解路子和方法，总结提升调解经验，探索法官自身优势与司法资源有效结合的新路径。

一、法官调解工作室的典型实例

在以法官个人姓名命名的法官调解工作室中，最具代表性的是沈金汝法官调解工作室和朱学军法官调解工作室。

（一）沈金汝法官调解工作室

2008 年 5 月，湖州市吴兴区人民法院在环城法庭设立了全省首个以法官个人名字命名的调解工作室——沈金汝法官调解工作室。工作室由沈金汝法官及其法官助理主持，从辖区基层调解委员会中选任 4 名优秀调解员担任固定的人民陪审员，开展诉前调解、诉讼调解、委托调解，指导人民调解和进行法制宣传。

沈金汝法官调解工作室所在的环城法庭，地处湖州市中心城区吴兴区的城乡接合部，下辖 8 个乡镇（街道），治安情况及社会关系相对复杂。鉴于法庭处于乡土社会，服务的主要对象是农村老百姓，沈金汝法官调解工作室通过“四心”化解法的运用，即诚心帮助、耐心沟通、热心解难、公心断案，化解和调处矛盾纠纷，采用预约立案、预约调解、口头起诉、上门立案、假日法庭、巡回审判等做法，方便群众诉讼，让当事人“少费一份心、少跑一次路、少花一块钱”，使老百姓切实感受到司法的人文关怀。在抓好诉讼调解的同时，通过抓基础、抓提升、抓重点、抓服务的“四抓”法指导人民调解，不断提高基层人民调解员的政治素质和业务能力，使调解员的工作由原来的“经验型调解”逐步走向“依法型调解”。调解工作室在成立后的一年多时间里，调解案件 543 件，成功率达 76.3%，指导人民调解 184 件，开展巡回审判 10 多次，开展业务培训、法制宣传、法律服务 30 多次，为辖区社会的和谐稳定发挥了积极作用，深受群众好评。

（二）朱学军法官调解工作室

2009 年 3 月，杭州市江干区法院将朱学军法官负责的速裁调解组进行改组，成立了朱学军法官调解工作室，组建了由朱学军法官带领的1名法官助理、1名书记员以及2名人民调解员组成的工作团队,负责诉前、诉中调解,以及四季青、闸弄口、凯旋、采荷街道的人民调解指导工作。

工作室确立以法院为主导,以村(社区)为主体,以街道司法所为辅助的调解服务机制,贯彻"调和、调顺、解忧、解难"的调解八字宗旨,提炼出"入门""入耳""入心""入脑""入魂"的"五入"调解法,司法调解与人民调解互相拉动,快速高效地解决纠纷。工作室深入社区,通过设置联络站开辟覆盖辖区49个社区的服务网络,使用科技手段开展网上调解、网上答疑等便民调解活动,尽最大努力把矛盾纠纷化解在群众家门口,化解在萌芽状态。同时通过打造诉调衔接工作平台、司法服务延伸平台、指导人民调解工作平台、普法释法宣传平台、年轻法官带教平台"五位一体"的工作平台,确立法官服务社会管理的有效模式。在工作室成立后的2年多时间里,共调解民商事纠纷1910件,指导基层人民调解组织调处纠纷422件,接待调解咨询5248人次,其工作得到了最高人民法院领导的肯定,《法制日报》《人民法院报》《浙江日报》等多家媒体对该工作室做了100余次报道。

二、法官调解工作室的机制和特点

法官调解工作室是一个主要从事调解的工作团队,在突出司法调解主导作用的同时,融入了社会化、多元化、大众化的元素,体现了为民理念、和谐理念和创新理念,其机制具有以下特点:

(一)由调解经验丰富的法官主持,富有个人特色和感召力

比如,沈金汝是一名在基层法庭工作了20多年的女法官,在乡村社会的特定环境中以自己独特的工作方法和亲民、爱民、为民的工作作风,得到了基层群众的普遍认可。朱学军是一名具有十几年办案经验的资深法官,是杭州法院公认的"调解能手",擅长用不同的方言跟当事人交谈,善于准确判断当事人的心态,细致把握心理预期,尽力促成调解。曾担任电视调解员"和事佬",调解过程

被制作成170余期节目播出，深受群众欢迎，被评为杭州市首届“十大金牌和事佬”。

（二）引入民间调解力量

选任优秀人民调解员共同组成工作团队，并且适时邀请辖区内的人民调解员、人民陪审员、人大代表及其他具有专门知识或经验的人员参加调解，司法调解与人民调解互相拉动，实现司法调解的社会化。

（三）面向基层

以司法调解为主导，承担诉前调解、诉中调解、委托调解、邀请调解以及指导人民调解和社会服务管理等多种职能和工作。工作室的团队既是矛盾纠纷的调解员，又是社会事务的管理者；既是职业法律人，又是服务大众的社会人；既是推行法治的司法工作者，又是深入群众、服务群众的群众工作者。

三、法官调解工作室的成效

法官调解工作室作为一个新生事物，是在推行“大调解”机制背景下法院如何充分运用司法调解，更好地履行法定职责、承担社会责任、化解社会矛盾的一种探索和尝试，在化解社会矛盾、促进社会管理创新方面取得了良好的成效。

（一）建立了和谐司法的新载体

调解工作室的设立创建了一种诉讼调解与人民调解有效对接的新模式，有利于法院进一步化解矛盾，促进社会和谐，成为基层法院服务构建和谐社会的新载体。调解工作室以法官为主导，将司法资源与其他行政、社会资源予以有效整合，成为诉讼调解与非诉调解相互衔接的平台，不仅自行主动调解案件，还充分发挥司法调解的主导和指导作用，通过培训进行业务对接，通过考核进行人员对接，有力指导人民调解，形成人民调解、行政调解、司法调解“三位一体”的格局，实现多元纠纷解决机制之间互补、共赢的良性互动局面。

(二)增强了先进典型的辐射力

设立以有着较高认可度的法官个人名字命名的调解工作室，把法官个人的业绩、形象乃至荣誉融入工作室，充分发挥先进典型的带动辐射作用，使调解工作形成了以点带面的新局面。对内部来讲，以个体带动群体，借助法官个人拥有的影响力推动调解工作，有利于带动法官重视调解和运用调解的积极性；对外部来讲，可以充分发挥法官个人品牌和“专家门诊”的效应，让群众通过一个具体生动的法官个体来感知法官群体的优秀，带动法官整体形象的提升，树立“人民法官为人民”的良好形象，使老百姓真切感受到司法贴近人民、方便百姓的人文关怀，增强了司法的亲和力。

四、法官调解工作室的新发展：法官网上调解工作室①

2014 年 12 月初的一天上午，西湖法院对一起财产保险合同纠纷进行调解，法庭里只有法官和书记员两人，双方当事人并不是坐在法庭里，而是出现在墙上的显示屏中。这是杭州市西湖区法院陈辽敏法官网上调解工作室对案件进行网上调解的场景。在调解过程中，双方当事人通过摄像头出示了自己的身份信息材料及证据，清楚表达了自己的想法，最终达成一致意见。书记员将调解笔录及调解协议通过网络传给双方当事人，当事人打印后在摄像头前签下了自己的名字并将材料封入快递信封中。此后，当事人也不需要再来法院，只要等着法院邮寄调解书即可。

陈辽敏法官网上调解工作室成立于 2011 年 9 月，是西湖法院利用信息化技术创新调解机制，探索网上司法新模式的一个举措。陈辽敏是杭州西湖区人民法院立案庭庭长、全国模范法官，主要承

---

①　主要材料来源：孟焕良、王芳玲：《杭州西湖：“互联网＋”助力审判执行工作》，http://www.zjcourt.cn/art/2015/6/9/art_4_7321.html，发布时间：2015 年 6 月 9 日。

担民事和商事纠纷案件的调解和速裁工作，其网上调解工作室的团队包括3名法官、2名书记员、5名专职调解员以及200多名特邀调解员。与“实体的”法官调解工作室不同，陈辽敏的网上调解工作室存在于网络虚拟空间，借助数字法庭的网络办案系统，当事人不需要进法院就能进行网上咨询、网上立案、案件查询、网上预约调解，法官则能通过在线解答、在线调解将矛盾消化在源头。这种远程的网络调解方式，可以解决当事人路途的劳累和交通不便的情况，起到了很好的便民利民的诉讼效果。该工作室自运行以来，点击率颇高。截至2015年6月，总访问量超过111万人次，累计收到留言咨询并答复1255例。

第五章　便民诉讼：司法为民的践行与创新

"法乃公器，民为邦本。"以民为本是现代法律及司法的精髓，人民性是中国特色社会主义司法制度的本质要求，为人民服务是我国司法的出发点和落脚点。2003年，最高人民法院提出了"司法为民"的工作理念，旨在通过司法活动的开展，为人民群众排忧解难，以人民的权利福祉为归依，实现社会正义。"司法为民"的理念，要求司法机关准确理解和定位司法权和人民群众的关系，正确认识审判权和诉权的关系，弱化职权意识，强化程序意识和尊重当事人的主体地位，"以积极的态度救济民权，以优质的服务减轻民负，以快捷的审理解除民忧，以公正的裁判保障民权，以有力的执行实现民愿"①。

为贯彻"司法为民"的理念，浙江法院以解决人民群众最关心、最现实的利益问题为突破口，转变司法服务理念，健全和完善一系列便民、利民的司法工作机制，为全面改善民生提供有力的司法保障和优质的法律服务，努力做到司法及其改革为了人民、依靠人民、惠及人民。

第一节　"一站式"服务：立案窗口的建设和完善

人民法院的立案窗口是当事人了解法院工作的第一扇窗，是人民群众表达诉求、参与诉讼、解决纠纷的重要场所，也是人民法院了解社情民意、服务涉诉群众、联系社会各界的桥梁纽带。多年

---

① 孙章季：《论社会主义法治理念与"司法为民"》，《江西社会科学》2006年第10期。

来,浙江法院重视立案窗口的建设,落实司法为民措施,收到了良好效果。

一、立案接待大厅的规范化建设

2009 年 12 月,最高人民法院出台《关于进一步加强人民法院“立案信访窗口”建设的若干意见》,要求从基础设施、基本功能、行为规范、队伍建设等方面加强立案信访窗口的标准化、规范化建设,使之成为功能完善、制度健全、设施齐备、服务到位的司法服务场所。

浙江法院的窗口建设起步早、起点高,自 2006 年起,省高院就在全省法院开展立案接待大厅规范化建设和“文明窗口”争创活动,大力推进立案窗口建设,提升软、硬件服务水平,将过去功能单一、人员少、力量弱的立案窗口转变成为一站式、低成本的诉讼服务机构,实现“诉讼有人引,材料有人收,案件有人查,电话有人接,咨询有人答,法官有人找,上诉有人办”,努力打造“为民、亲民、便民、利民”的窗口形象,营造便民诉讼的良好氛围。

经过努力,全省法院目前都已建成集诉讼引导、受理起诉、查询咨询、材料收转、费用收退、判后答疑、信访接待、救助服务等功能于一体的标准化、规范化立案接待大厅。立案接待大厅一般设置立案区、导诉区、信访区、当事人书写区、立案调解区、判后答疑区等功能区域,总体上做到布局合理、庄重大方、宽敞明亮、整洁卫生。其服务功能包括:

(一)诉讼引导

建立导诉制度,在立案大厅设置导诉台,并安排接待人员进行诉讼指导和服务。其工作内容是为群众提供合法、适度、透明的指导与释明,包括:解答诉讼咨询,为当事人提供案件信息查询服务;告知诉讼风险,引导当事人合理选择纠纷解决方式;收转当事人提交给承办人的诉讼材料,负责当事人愿意来法院领取法律文书案件的直接送达等。

(二)立案审查

简化立案环节,运用多样化的立案方式,如网上立案、电话立案、上门立案、巡回立案等,提高群众进行诉讼的便捷性。

(三)诉讼费用缴纳

为方便当事人缴纳诉讼费用,各地法院尝试建立各种缴费方式,当事人缴费既可以刷卡,还可以扫描二维码。比如,宁波市北仑区法院在立案接待大厅安装银联 POS 机,方便当事人刷卡缴纳案件受理费、执行款等。2014 年开始,杭州市西湖区法院在浙江省率先启用"用支付宝钱包扫描二维码"缴纳诉讼费的管理系统。当事人使用智能手机或平板电脑等移动终端扫描《预交诉讼费通知单》上的支付宝二维码,即可以完成诉讼费的缴纳。

(四)调解纠纷

设立调解室,由经验丰富、业务素质高的法官或专职人民调解员进行诉前调解或立案调解。

(五)查询咨询

设置公告牌、电子触摸屏或多媒体视频等,方便当事人了解立案的相关信息,如立案条件、立案流程、诉讼费用标准、当事人权利义务等,并为当事人提供承办法官、开庭时间、案件流转等案件信息查询服务。

(六)设立诉讼指南架

提供诉讼须知、诉讼风险告知书、常用诉讼文书格式、申请司法援助建议书、诉前调解建议书等各类诉讼指南宣传册,供当事人免费取阅。

(七)在法院网站上设立"在线诉讼服务平台"

实行网上立案、材料收转、文书送达、预约开庭等在线诉讼服务,方便群众诉讼。

(八)开通"绿色通道"

提供快捷、人性化的司法服务。对追索劳动报酬、抚养费、赡养费，侵害外来务工人员合法权益，老弱病残人员维权，涉及国防利益以及其他需要特事特办的案件，进行优先办理。许多法院在诉讼场所设置残疾人绿色通道，有的法院还在立案大厅放置放大镜、老花镜，为年纪较大的当事人提供贴心服务。

(九)救助服务

健全司法救助机制，对经济确有困难的当事人提供必要的司法救助，缓减免诉讼费，发放救助金，特别是涉及老弱病残、下岗职工、农民工等追索赡养费、抚养费、养老金等情形。

在实践中，各地法院从转变观念着眼，从便民利民入手，不断丰富立案大厅的服务功能。比如，宁波市北仑区法院建立了一系列立案便民机制，包括：与宁波信用网合作，方便起诉当事人查询被告主体资格信息；制作“协助查询函”，方便当事人到相关部门查询被告户籍、暂住证、夫妻关系等证明材料；建立诉讼信息短信告知机制，对未能当天办理立案手续的案件，在向当事人邮寄案件受理通知书等诉讼材料的同时，发送手机短信告知案件受理信息、案件承办人及联系电话、监督电话等内容；建立午间立案制度，方便当事人利用休息时间立案；等等。

二、立案便民机制的新模式：湖州法院的诉讼服务中心①

为进一步深化司法公开工作，方便群众诉讼，2012 年 7 月，湖州市吴兴法院成立全市法院首家上市服务中心。诉讼服务中心是将法院各职能部门的部分功能剥离出来，重新组合而成的一个全新机构，是在原来立案大厅“一站式”服务的基础上进行“提档升级”，与实现立案、信访、调解乃至整个诉讼过程的全方位服务立案接待大厅相比，具有功能更齐全、管理更规范、服务更便民、信息更

① 材料来源：陈程、章丽美：《浙江省湖州市吴兴法院诉讼服务中心正式启用》，http://n. cztv. com/ycxw/2012/07/2012-07-033450964. htm，发布时间：2012 年 7 月 3 日。

公开的特点。

在吴兴法院实践的基础上，湖州市法院进一步转变司法理念，整合资源，以诉讼服务中心模式取代出庭的立案大厅模式。诉讼服务中心的宗旨是："零距离"面对百姓、"高效率"提供帮助、"低成本"解决纠纷，形成了"两个同步、两项制度、两套系统"的诉讼服务特色，展现法院"亲民、为民、便民、利民"的良好服务形象。

（一）实现两个同步，即同步开展网络在线服务和同步开展诉调对接

其一，改版升级法院的门户网站，设置"在线诉讼服务中心"，包括公众服务和当事人服务两大板块。公众服务板块提供网上预约立案、在线咨询、网上信访、诉讼文本下载、诉讼费计算等服务；当事人服务板块提供案件查询、证据交换、联系法官、判后答疑等服务。其二，将立案大厅改造成为"调解中心"，提供立案前的人民调解和立案后的庭前调解两项服务。一方面由司法局派驻人民调解员进行诉前调解，为民众提供可供选择的纠纷解决方式；另一方面，设立"立案调解速裁组"，将进入司法程序的案件繁简分流，降低成本，方便当事人诉讼。

（二）规范两个制度，即预备法官导诉轮岗制度和庭长轮流值班制度

其一，预备法官导诉轮岗制度，每周安排一名法院新招录预备法官和虽已通过司法考试但尚未被任命为审判员的青年干警轮流担任导诉员，提供导诉分流服务。其二，庭长轮流值班制度，每天上午安排各业务庭的庭长或副庭长轮流值班，提供诉讼咨询，进行判后答疑以及接待信访。上述两个制度的实施，使得诉讼服务中心成为业务专家轮流"坐诊"的服务平台，以及青年法官培养锻炼的基地。

（三）整合两套系统，即电子叫号系统和身份证识别案件查询系统

一是安装了电子叫号系统，设置了电子取号机和配备了电子

显示屏的诉讼服务窗口，显示屏同步显示窗口服务内容和号码，既维护了诉讼秩序，又保护了当事人的隐私。二是安装了身份证识别案件查询系统，当事人在立案后可以凭密码在浙江法院网查询案件进展情况，及时全面了解案件信息。

第二节　送法下乡：巡回审判的运行和发展

巡回审判是指人民法院为了方便人民群众诉讼，根据本地实际情况，深入农村及交通不便、人员稀少的偏远地区，就地立案、就地开庭、当庭调解、当庭结案的一种审判方式。巡回审判是中国特殊的审判方式，是司法为民的最佳载体和直接体现。这种审判方式所体现的便利人民群众诉讼、便利人民法院审判的"两便"原则和面向农村、面向群众、面向基层的"三个面向"深得民心，在实现"公正与效率"方面具有特殊的优势，在我国实践中得到人民群众的广泛支持。

一、我国巡回审判的历史发展和现实意义

巡回审判制度作为人民法庭开展工作的一种重要方式，在我国有着悠久的历史传统。早在抗日战争和解放战争时期，在根据地和解放区就设立了巡回法庭，现行巡回审判所采取的巡回收案、就地审判、注重调解等方法，就源于当时在边区赢得广泛赞誉的"马锡五审判方式"。法官携卷下乡，通过深入案发地，不仅能亲眼看现场，亲耳听民情，而且能当面辨是非，现场解纠纷，深受群众认同。十一届三中全会之后，巡回审判制度作为一项重要的司法制度被法律所确立，1982 年《民事诉讼法（试行）》和 1991 年《民事诉讼法》都规定人民法院审理民事案件，可以根据需要进行巡回审理，就地办案，为巡回审判的开展提供了法律依据。

近些年来，最高人民法院的工作报告中一直反复强调巡回立案、司法为民的要求。作为一项体现司法为民精神、方便群众诉讼

的审判制度,巡回审判提倡的诉讼便民化、人情化是符合现阶段国情的,不仅能方便群众诉讼,更能增强法院审判工作的社会效果,提高群众的法律意识。其现实意义表现为:

(一)巡回审判是群众路线和人民司法的体现

全心全意为人民服务,一切为了群众、一切依靠群众,从群众中来、到群众中去的群众路线是我们党的根本路线,是我们党在长期革命实践中形成的领导方法和工作方法。为人民服务是我国司法的出发点和落脚点,巡回审判制度是依服务的宗旨而产生的,这种贴近群众的审理形式不但能及时、有效地化解矛盾,而且能拉近法官和人民群众的距离,充分体现司法的人民性。

(二)巡回审判符合我国农村的地域特点

我国农村地域广大,信息、交通极不便利,给群众诉讼带来了诸多不便,这是我国巡回审判存在的必要前提。尤其是在一些偏远乡村,农民群众打官司路程远,到法院或法庭来回往往需要较多时间,既耽误农忙,又浪费交通费用。没有巡回法庭,很多纠纷就会长期积累不能及时得到化解,不利于社会秩序的安定。

(三)巡回审判适应农村纠纷解决的需要

农村地区的纠纷主要集中在婚姻家庭纠纷,人身、财产损害赔偿纠纷,宅基地和相邻关系纠纷,土地承包经营权纠纷等简单纠纷案件上,这些纠纷一般通过调解或一次开庭就能够得到解决。巡回审理重在调解,不仅可以及时、有效地化解群众矛盾,而且使农村群众的社会关系变得更融洽和稳定。

(四)巡回审判具有法制宣传教育的效果

虽然近年来我国的经济建设取得了较大的发展,但不可否认农村群众的法律意识仍然薄弱,尤其是偏远农村,存在着“不知告、不敢告、不会告”的普遍问题。巡回法庭就地办案,用通俗易懂的语言进行以案讲法,使一方当事人赢得堂堂正正,另一方输得服服帖帖,旁听群众听得明明白白。案件的审理过程就是法制的宣传过程,“审理一案,教育一片”,使更多的群众懂得如何运用法律来维护自己的合法权益。

二、巡回审判的基本模式

巡回审判的重点在基层人民法庭。由基层人民法庭设立巡回审判点,是当前实现巡回审判的主要做法。为了体现司法为民、便民的基本要求,浙江各地基层法院和人民法庭都实行了巡回审判,做法和形式上虽然各有千秋,但在机制和模式上具有共同的特点。

(一)点面结合,巡回收案

采取固定巡回审理与流动巡回审理两种方式,实现巡回审判的点面结合,是各地法院巡回审判的主要模式。一是在案件较多、交通不便的山区、农村、海岛建立巡回法庭或设立巡回审判站点,满足基层、山区、农村群众的司法需求。比如,台州法院在农村、海岛等一些交通不便地区设置了38个巡回审判站点,法庭工作人员在固定的时间内到巡回审判点办公,遇有巡回审判的案件可以通知当事人到巡回审判法庭进行开庭、调解。二是在固定审判点的基础上,根据需要开展流动式巡回审判,开庭具体地点不固定,可以在案件发生地,也可以在当事人住地,甚至将法庭设在百姓的院落里和田间地头,真正体现“送法下乡”的特点。比如,杭州西湖法院在办理一起妻子诉瘫痪丈夫离婚案件时,将审判席设在被告床前,会同村委干部一起以调解方式圆满结案。

(二)立审并行,就地开庭

及时解决纠纷,提高司法效率,是推行巡回审判的目的之一。从“两便”原则出发,立案、审理均可用于巡回审判。法院定期派出法官到巡回审判点或者到当事人所在地、案件发生地,当事人可以口头进行起诉,法官可以就地立案、就地开庭审理,极大地方便了人民群众诉讼。为充分发挥法制教育的效果,各地法院坚持示范性案件的就地审判,对涉及弱势群体利益的抚养、赡养等纠纷,当地群众关注的敏感性纠纷和人数较多的群体性纠纷等,坚持就地巡回审理。

(三)注重调解,多元联动

巡回审判是一种贴近人民群众的纠纷解决方式,调解成为巡回办案的基本方式。农村群众之间的矛盾纠纷多为家庭成员之间、邻里之间的熟人纠纷,往往关系到人民群众的生活秩序和生活环境,通过调解解决有利于疏导当事人情绪,案结事了,更好地做到定纷止争、息诉平访。由于巡回审理的案件,很多是经过基层组织和人民调解组织处理过的案件,他们对纠纷的内在起因、当事人的情况以及案件争议的焦点都相当了解,能为法官的准确断案提供有益的帮助。为了有效地进行调解,人民法院在巡回审判中往往同当地司法所、基层组织及调解组织等部门联合起来,在法庭与基层民调组织及基层群众之间搭建了一座桥梁,形成多元联动的纠纷解决机制,促进矛盾纠纷的有效化解,收到良好的法律效果和社会效果。

三、巡回审判模式的发展创新

为拓展司法便民的广度和深度,浙江各地法院在实践中与时俱进,不断发展巡回审判的模式,延伸巡回审判的功能和作用,使得巡回审判显示出鲜明的时代特征和地域特色。

(一)巡回审判在工作机制上的拓展

为使审判工作不耽误农时,符合农村生产和生活的规律和特点,浙江各地法院因时制宜,有针对性地创设巡回审判工作机制,尽力为农村群众提供最便利的司法服务。一是在农忙时节开设"午间法庭""晚间法庭",既能及时解决纠纷,又能使农民安心生产,避免耽误农时;二是针对一些农村在城务工人员只有休息日和节假日回家的情况,开设"双休日法庭""假日法庭",利用周末和节假日进行巡回审理;三是采用预约立案、电话调解、网上调解等方式,满足当事人的特殊需求,免去当事人的奔波之苦,让群众感受到法院的人文关怀。

(二)巡回审判在地域上的拓展

传统的巡回审判主要面向农村,是一种“送法下乡”模式,针对社会发展的形势和社会管理的需要,一些法院强化巡回审理“面向基层”的内涵,在城镇、社区、企业等设置巡回法庭。比如舟山市普陀法院将开设巡回法庭作为服务上海西部新兴商贸科技区建设的重要举措,要求巡回法庭进社区、进校区、进园区、进企业、进机关,并形成常态化工作机制。在确定巡回法庭开设点时,重点选取有代表性的社区、园区,尽可能覆盖辖区各街道、镇。①

(三)巡回审判在行业和专业领域的拓展

破除以往的巡回审判主要因地域而设置的局限性,根据实地情况,在劳资纠纷、交通损害事故纠纷等多发区域设立专业性、行业性的巡回法庭,方便群众进行诉讼。比如,义乌法院在义乌国际商贸城建立巡回审判点,配合有关部门加强流动人口的服务管理;台州市椒江法院联合消协设立了“消费纠纷巡回法庭”;天台法院在中国旅游日设立“旅游巡回法庭”,为营造良好的旅游环境提供司法保障。

(四)巡回审判在诉讼范围上的拓展

长期以来,巡回审判作为方便群众诉讼的审判制度,都是适用于民事诉讼领域的,浙江一些法院尝试将这种审判模式延伸向其他的诉讼。2013 年 6 月,在绍兴市越城区法院审理的一起妨碍公务的刑事案件中,由于被告人摔断腿无法到法院正常出庭,该法院采用了巡回审判的方式,将法庭移到了被告的出租房,首次将巡回审判运用于刑事诉讼。2014 年 4 月,金华市武义法院在全省开城

---

① 材料来源:《普陀区法院“三字”原则提升巡回法庭功能效果良好》,http://news.timedg.com/2012-08/29/11836302.shtml,发布时间:2012 年 8 月 29 日。

市管理巡回审判工作先河,成立"城市管理巡回审判站",与行政审判庭合署办公,实行"审执一站式"运作模式,依法受理涉城市管理行政诉讼案件和涉城市管理非诉执行案件。①

(五)巡回审判在科技手段上的拓展

长期以来,巡回审判主要深入偏远农村,条件比较简陋,法庭布置不规范。随着社会经济的发展,法院系统借助信息化建设,改善巡回法庭的条件,使得巡回审判具有了新的面貌。比如,普陀法院依托便携式数字法庭到社区开展巡回审判,这是便携式数字法庭设备在全省法院系统的首次应用。2014 年 11 月,浙江首辆巡回审判车在衢州市开化法院投入使用,实现车内开庭审判、同步录音录像、车外实时收听收看、360 度全方位监控等功能。

第三节 "互联网+审判":法院信息化建设的推进和成效

随着现代信息技术的发展,数码技术一体化综合运用于诉讼,导致电子法院观念的兴起,有效地降低了当事人的诉讼成本,凸显了知识经济和全球化时代司法机关的权利维护功能。② 美国、澳大利亚、芬兰、加拿大、新加坡等国家许可利用视频会议、网络会议、电视会议等现代科技手段进行庭审和证明程序。浙江法院以信息化为抓手,积极依托网络技术完善便民诉讼机制,逐步深化"互联网+审判"建设,助力审判执行工作。三级法院率先建成了动态更新、开放共享的全省法院数据中心和全面覆盖、集中监管的数字法庭统一管理平台,网上"点对点"查控执行财产与查控"老赖"的机

---

① 材料来源:《武义法院在浙江率先成立城市管理巡回审判站》,http://www.zj.xinhuanet.com/adnews/index_adnews/2014-04/28/c_1110443658.htm,发布时间:2014 年 4 月 28 日。

② 徐昕:《信息时代的民生诉讼——一个比较法的视角》,张卫平主编:《司法改革评论》(第 2 辑),中国法制出版社 2001 年版,第 106—125 页。

制，网上司法拍卖，浙江法院阳光司法透明指数与便民诉讼，全省数字化法庭，审判质效电子评估、归档报结与卷宗电子化等改革也已见成效。

一、数字法庭的建设

随着我国步入信息化时代，接踵而至的是法院如何利用信息化技术促进司法为民。浙江省高院充分认识到信息化建设是法院践行“公正与效率”工作主题，建立科学管理体系，促进各项工作制度化、规范化的重要举措，因而提出“科技强院”的要求，加快以数字法庭为龙头的法院信息化建设。

为全面推进数字化法庭建设，2008 年 11 月 3 日，浙江省高院制定下发了《数字法庭建设规范》，要求 2009 年底前每个基层法院的审判法庭（包括人民法庭）都要有标准的数字法庭，全省所有审判法庭具备同步录音、录像功能，每个开庭审理的案件都有庭审光盘附卷，让公正“可定格”“可再现”“可复制”。

所谓数字法庭，就是利用先进的多媒体技术、网络技术以及集中控制技术，实现法庭内部对声、光、电等各种设备进行集中控制的一种法庭模式，主要包括案件信息管理系统、远程视频办案系统、办案助手系统、案件直播点播系统等办案系统，对提高诉讼效率、方便当事人诉讼起到了事半功倍的作用。比如，远程视频办案系统利用网络视频技术，可以进行远程提审或远程开庭，使法官和当事人节省了路途中的耗时；庭审录制和直播系统实现省、区、市三级法院联网，为日常开庭、普法教育、观摩庭审等提供了良好的旁听环境和监督渠道；等等。

在省高院的推进下，浙江各地法院的信息化建设成效显著。杭州市上城区法院 2009 年初被确定为全省法院数字法庭建设试点单位，到 2009 年 8 月，该院全面完成 10 个标准化数字法庭和 6 个简约型数字法庭以及 1 个远程审判系统的建设。到 2012 年，全省 1603 个审判用法庭中，建成数字法庭 1472 个，对庭审进行同步录音录像，为远程提讯、庭审、质证、网络直播和案件跟踪评查等提供技术支持。[1] 2010 年,宁波市鄞州法院斥资 1000 万元,引进目前国内最先进的技术设备,对全院 19 个法庭全部进行了数字化改造,而且 19 个数字化法庭庭审使用率百分之百,有效地保障了庭审活动的高效、安全、有序进行。

目前,浙江三级法院基本上建成了一个以中院网络平台为中心,各基层法院数字法庭平台为依托,覆盖各人民法庭的数字法庭网络,建构了较为完备的以 20 余个主干业务系统为核心的应用体系,实现庭审同步录音录像和远程观摩功能,为开展远程审判、网上法庭奠定了基础。

二、远程视频审判的实践

为进一步完善司法为民措施,方便群众诉讼,2008 年,浙江省高院依托数字法庭建设成果,决定尝试开展利用信息技术进行远程视频审理案件,并制定了《本院开展远程视频审理案件的暂行规定》,要求各级法院结合数字化法庭建设,积极、有序地尝试远程视频审理案件,积累经验,为在全省法院进一步开展这项工作打好基础。

远程视频审判,或者称为网络远程审判,是指利用计算机网络技术,通过数字庭审设备和远程音视频传输设备等,实现人民法院审判人员与当事人、诉讼参与人分别在法庭或远程审理点同步完成庭审、听证、调解、宣判及提讯被告人、接待当事人等审理活动。通过远程审判系统,不同地域的几个法庭的庭审活动音视频可以同一时间内在同一显示屏上显示出来,这样在数字法庭内就可以通过大屏幕投影观看同一时间内的多个法庭庭审现场。主审法官可以通过计算机与远程(异地)法庭的庭审活动交互,同时将音视频通过庭内显示设备输出,供庭内其他人员观看、参与。

远程审判不仅可以节约诉讼成本,提高办案效率,有效缓解法

---

① 参见余建华、孟焕良:《浙江法院依托数字法庭开展审务督察》,http://www.court.gov.cn/xwzx/fyxw/dffyxw_1/gdfyxw/zhejiang/201205/t20120521_177109.htm,发布时间:2012 年 5 月 21 日。

院案多人少、警力严重不足的矛盾，尤其是针对跨地区犯罪和异地羁押的被告人，大大降低押解风险和减少往返时间；而且远程审判时所忠实记载和保留的庭审录像，能够确保审判的公正性和透明度。这不仅是互联网时代法院革新审判方式的一种探索，也是浙江省全面推进数字化法庭建设中一项司法为民的新举措。在省高院的推进下，浙江各地法院尝试远程审判，为当事人和社会公众提供更加全面、便捷的司法服务。杭州西湖区法院很早就尝到了用好信息化技术的甜头，早在2007年就开始在刑事审判中积极开展网络远程审判，嫌疑人直接在看守所内的远程审判室接受审判，节约了时间及警力，降低了押解风险。如今，西湖法院每年审理刑事案件的数量都在1000件以上，而其中有三成相对简单的案子都通过远程视频方式审理。2014年，西湖法院还与微软（中国）有限公司合作，借助“公有云”实现在线调解案件，至今已经调解案件126件。

2009年12月16日，宁波市慈溪法院与舟山市普陀法院对一起故意伤害案件成功试行网络远程审判，这是浙江法院系统实施数字法庭建设以来开展的首例跨区网络远程审判。该起案件系舟山普陀区人民检察院向普陀区人民法院提起公诉的刑事附带民事案件，但涉案的两名被告人分别羁押在普陀、慈溪两地看守所，该案的受害人（即刑事附带民事原告人）也在舟山普陀。该案的庭审现场设于舟山普陀区法院，慈溪法院则在慈溪市看守所另设置一个法庭，通过设置于看守所内的远程审判专用法庭将被告人视频、声音同步传输到庭审现场，并通过电视显示屏将庭审画面引入远程审判法庭，完成身份核对、质证、辩论等各个庭审环节，利用信息技术将上述两个法庭审判节奏同步，做到“合二为一”。依托于网络视频技术实现远程审判，使法官和被告人通过视频完成了审判流程，整个庭审耗时约一个小时，秩序井然，过程流畅，审理效果良好。①

---

① 材料来源：王蓓：《慈溪法院、普陀法院携手成功试行浙江法院首例远程审判》，http://news.163.com/09/1217/14/5QO95ODC000120GR.html，发布时间2009年12月17日。

三、电子商务网上法庭的建设与运用

电子商务网上法庭是浙江法院的首创,是浙江法院贯彻落实“互联网+”部署的重大司法创新举措。电子商务网上法庭是指以互联网技术为手段,建立与涉互联网纠纷特点相适应的诉讼全流程在线上实现的网上审判法庭系统。这种审理模式契合信息化时代发展的趋势,其特点是诉讼和审判不受时间、空间、地域限制,体现了诉讼便民利民原则。目前,国际上其他国家法院尚无电子商务网上法庭的模式,因而浙江的电子商务网上法庭具有国际创新意义。①

浙江作为全国电子商务发达地区,拥有阿里巴巴、支付宝、淘宝、天猫、网易等众多知名电商企业,随着网络购物持续快速发展,相关产品责任纠纷不断出现,涉电子商务纠纷多发频发,案件数量一直攀升。针对电子商务纠纷当事人涉及的地域范围较广的特点,为了顺应互联网和电子商务发展的需求,方便当事人进行诉讼,浙江省高院在信息化建设的基础上,探索建设电子商务网上法庭,充分运用在线争议证据开展网上调解、裁判,并确定杭州市西湖区法院、滨江区法院、余杭区法院、杭州市中级人民法院作为试点,分别审理网络支付纠纷、著作权纠纷、网上交易纠纷及其上诉案件。电子商务网上法庭力求打造一站式司法服务平台,集在线立案、举证、庭审、答辩、调解为一体,原告在“浙江法院电子商务网上法庭”网页界面点击“我要起诉”,注册登录后就可在线提交起诉状、立案缴费。网上法庭系统能够自动提取电子商务平台的当事人身份信息、网上交易过程及各类表单数据,并利用独立第三方的技术平台,对全部数据进行保全固定。法院和原、被告当事人都可在线操作诉讼全过程,不必再通过快递、邮局寄材料,也不必一趟趟地往法院跑。尤其是异地当事人,在家、在公司就可以轻松远程

---

① 参见吴道富:《电子商务网上法庭初探》,浙江省法学会国际经济法学研究会2015年年会论文。

诉讼，节省了来去奔波的时间，极大地节约了诉讼成本。

余杭法院是天猫公司注册地，仅2014年就审理电子商务纠纷511件。2015年5月28日，杭州市余杭区法院开庭审理了浙江法院“电子商务网上法庭第一案”，即王某诉深圳西倍健公司、浙江天猫公司网购产品责任纠纷案，标志着浙江法院“互联网＋审判”电子商务网上法庭正式启动，受到了《人民法院报》《浙江法制报》《杭州日报》等媒体的关注和报道。庭审中，原、被告上传的证据通过网络进行展示，双方对多组证据提出异议并展开激烈辩论，各方声音和画面在各自电脑上清晰呈现，系统自动对庭审进行全程录音录像，当事人以电子方式阅读并确认庭审笔录。浙江省高院院长齐奇指出，充分运用在线争议证据，借助开展网上调解、裁判的便捷优势，探索推进电子商务网上法庭建设，契合电子商务与司法的跨境、跨行政区划发展，有利于规范电子商务交易行为，维护电子商务的法治秩序和诚信环境，体现了国家法治的全覆盖，体现了法治浙江的先行先试，体现了诉讼便利，既便民惠民，又便利法官办案。

根据浙江省高院的要求和部署，全省法院将进一步深化“互联网＋审判”建设，到2017年底建成法院信息化3.0版，实现“全面覆盖、移动互联、跨界融合、深度应用、透明便民、安全可控”的目标，把浙江法院建设成“网络法院”“阳光法院”和“智能法院”。①

四、“互联网＋”助力执行工作

执行难是民事司法长期存在的老大难问题，被执行人找不到，又没有财产可供执行，是执行案件经常会面临的困境。浙江各地法院不断探索执行改革，依靠不断成熟的互联网技术，与政府各部门通力合作，以提高执行效率，开启了执行工作的“互联网＋”新时代，为破解执行难开辟出一条崭新的道路。借助迅速兴起的互联

---

① 材料来源：孟焕良：《浙江法院电子商务网上法庭开庭》，《人民法院报》2015年5月31日。

网新媒体追寻“老赖”行踪,逐渐成为各地法院的一项“时髦”举措,法院通过官方微信、微博,建立信息平台,动态地向社会公布“老赖”的信息。一些长期逃避执行的“老赖”行为因此被迅速扩散,不少“老赖”倍感压力,不得不主动联系法院履行债务。2009年,杭州西湖法院在全国法院率先开通“执行悬赏举报网”,积极借助网民力量搜索“老赖”,突破传统的平面或电视媒体的“暂时性个案”曝光方式,寻找到了一大批执行线索,执结了一大批案件。

2011年,浙江首个执行公开平台——宁波法院执行网建立,“老赖”的各种信息首次通过互联网被曝光。宁波市中院建立了与市场监管、公安、住建、国土和各大商业银行等机构互通的“点对点”网络查控系统,被执行人的银行存款、股权、房产、车辆等财产信息都能即时掌握。据统计,2014年宁波两级法院通过“点对点”查控系统,成功冻结了11.36万个账户,冻结资金23.97亿元;查封房产8663套,查控机动车2633辆。此外,宁波两级法院还将全市近5万名老赖的身份信息录入“黑名单”,通报给政府相关部门、金融监管机构、金融机构、承担行政职能的事业单位,2014年分别有1698次和1.12万人次的“老赖”因此被限制出入境和购买机票,许多“老赖”在参与政府采购、招标投标等各种经济活动时受到信用惩戒,极大地压缩了他们企图规避执行的空间。①

第四节　接近正义:小额诉讼的探索与实践

小额诉讼是一种以诉讼经济为基本价值目标的新型诉讼模式,是在简易程序的基础上建立的一种更为简易、高效的诉讼机制,承载着为法院提高司法效率和减轻案件负荷,为民众提供便民诉讼和及时正义的立法愿景。近年来,浙江法院积极尝试小额速裁程序的运用,大胆创新,探索出了一条有浙江特色的小额速裁之路。

---

①　参见董小军、贺磊:《“互联网+”助力破解法院执行难》,《宁波日报》2015年7月15日A2版。

一、小额诉讼程序产生的背景

小额诉讼程序最早产生于美国，由于契合了司法改革追求诉讼经济的价值目标，从 20 世纪 70 年代开始，英国、美国、德国、日本、意大利、韩国等国家以及我国台湾、香港和澳门都相继设立了各种形式的小额诉讼程序。当代世界各国在民事司法改革中实行的小额诉讼程序，目的在于提高诉讼效率、减轻法院负担，同时通过简化诉讼程序，保障人民群众接近司法，实现司法的大众化。

在我国，小额速裁程序也具有现实必要性，并成为民事诉讼改革的重要内容。一方面，改革开放以来，公民的法治意识不断增强，从传统的“厌讼”转变为把“打官司”作为讨要公道、维护权利的常用武器，对司法的需求不断增强，如：1998 年山西教师高河垣为退一本残书提起一元钱诉讼，1999 年王海对天津伊势丹商场提起两毛钱入厕收费诉讼，2000 年浙江大学几位教授联名对电信局提起响铃费诉讼，2001 年山西段俊辉为“小浣熊”方便面爱心捐款提起一分钱诉讼，等等。面对全国各地越来越多的小额纠纷，现有的通常诉讼程序难以应对，极大地影响了司法的公信力。

另一方面，经济社会的快速发展导致诉讼爆炸，“案多人少”已经成为法院工作面临的突出困难与问题，相对匮乏的司法资源无法难以满足当今社会民众的司法需求。以浙江为例，近年来案件数量持续大幅增长，法院 2008 年至 2012 年受理案件 412.13 万件，比前五年（2003 年至 2007 年）增长 56.66%，一线法官年人均办案达到 168 件，一些基层法院法官的人均结案数超过 200 件，“案多人少”的压力十分沉重。如何破解“案多人少”的困局，是新时期人民法院亟须解决的“瓶颈性”问题。

因此，建立小额诉讼制度，将大案与小案分开，实行案件的繁简分流，对于方便当事人诉讼、提高诉讼效益、缓解法院“案多人少”矛盾具有十分重要的意义。

二、小额速裁试点的实践探索

在司法改革的过程中，为了最大限度地简化民事诉讼程序，为广大民众提供更多接近司法、利用司法的机会，全国各地法院逐渐开始探索小额速裁机制的适用。2011年3月，最高人民法院发布《关于部分基层人民法院开展小额速裁试点工作的指导意见》，确定在全国26个基层法院开展小额速裁试点工作。经过一年多的实践，各试点法院取得了亮眼的成绩。根据最高人民法院的经验总结，东、南、西部几个典型基层法院小额速裁的适用呈现出“一多两高”的特点，即审结的案件多、调撤率高、当事人服判息诉率高。例如，上海浦东法院2007年6月至2009年12月的小额诉讼案件的调撤率达到96.5%。[①] 2012年的新《民事诉讼法》从立法上正式确立了小额诉讼制度，规定基层人民法院及其派出人民法庭审理事实清楚、权利义务关系明确、争议不大的简单的民事案件，标的额为各省、自治区、直辖市上年度就业人员年平均工资百分之三十以下的，实行一审终审。

浙江法院小额速裁的工作起步比较早。在推进法院调解过程中，为了配合立案调解工作的开展，许多法院在立案庭或者业务庭设立速裁组或者设立专门的速裁庭，对小额简单民事案件进行调解和审理，以实现民事案件的繁简分流。比如宁波市北仑区法院，早在2003年就率先在全省范围内设置了具有独立编制的速裁庭（民三庭），专门从事民商事案件的速裁审判工作，并出台《民商事简易案件速裁规则》，明确对七类简易案件速裁审理，切实做到四个“当”，即当天立案、当天移送、当庭调解或宣判、当庭制作并送达法律文书。对当事人双方共同到法院要求立案处理的案件，速裁庭马上组织调解，做到随立、随移、随审。截至2010年，速裁庭共办结案件9100件，占民商事案件总数的31.8%；调撤率为

---

① 参见全国人大常委会法制工作委员会民法室编：《民事诉讼法——立法背景与观点全集》，法律出版社2012年版，第459—460页。

80.0%，平均结案时间为8.5天，仅为普通程序案件审结期限的15%左右。

表5-1　北仑法院速裁庭办案情况一览表

事项 年份	结案数	人均结案数	占民事案件比例	平均审理天数	调撤率
2003	663	221	31.1%	9.5	76.5%
2004	1009	336	41.0%	9.1	78.9%
2005	857	286	28.2%	8.6	78.6%
2006	848	212	28.4%	7.9	83.4%
2007	906	227	25.0%	8.3	84.3%
2008	1418	355	33.5%	8.1	84.8%
2009	1676	419	32.5%	7.8	78.1%
2010	1723	431	34.7%	8.4	76.1%
合计	9100	311	31.8%	8.5	80.0%

在2011年最高法院部署的小额速裁试点工作中，我省的杭州市萧山区法院、宁波市鄞州区法院被确定为试点单位。为了深入推进该项工作，省高院又把义乌市法院、瑞安市法院确定为省级试点单位，并成立了以院长为组长的小额速裁工作协调小组，制订了试点工作实施方案。各试点法院均成立了工作协调小组，制订了实施细则和具体的审理流程规定，制作了小额速裁诉讼指南、选择程序确认书、各类裁判文书范本等，并形成了不同的组织模式。其中值得一提的是鄞州法院，它于2011年9月7日设立了全国首家具有独立编制的小额速裁审判庭，庭内涵盖诉调对接、小额速裁、简易程序速裁三部分工作内容，形成了诉讼与调解相衔接、繁简分流一体化的工作流程，经过一年八个月的积极有益探索，积累了成功的经验。据统计，2011年5月至12月，四家试点法院共受理并审结小额速裁案件917件，调解774件，撤诉88件，调撤率为94.3%，远高于一般简易程序和普通程序（约59%）；诉讼周期大大缩短，案件

平均审理天数为6天；案件申请强制执行的比较少，有的试点法院的自动履行率达到100%。总体呈现出“三高一短”的特点，即调解撤诉率高、息诉服判率高、自动履行率高、诉讼周期短。①

三、小额诉讼程序的特点

根据我国民事诉讼立法、司法解释和有关司法文件，小额诉讼程序是“简易程序的再简化”，具有“省时、省力、省心、省钱”的诉讼优势，与普通程序和简易程序相比，具有几个突出的特点。

（一）适用范围受到严格限制

适用小额诉讼的案件应当符合两个条件：其一，必须属于适用简易程序的简单民事案件，这是适用小额诉讼程序的前提；其二，案件涉及的标的额比较小，这是小额诉讼程序的特有条件。顾名思义，适用小额诉讼程序的案件以“小额”为基本特点，其要求有两个方面，一是“额”，即仅适用于财产争议案件，而不包括涉及人身争议的案件；二是“小”，即案件争议的标的金额不大，不能超过最高限额的规定。因为小额诉讼程序以诉讼效率为基本目标，强调最大限度地简化程序，如果案件数额较大，对当事人的权利救济和程序保障就会不充分。

世界大多数国家和地区都对小额诉讼案件的最高限额做了明确、具体的规定，比如，日本的小额诉讼适用于诉讼标的额30万日元（2003年改为60万日元）以下的请求支付金钱的诉讼，我国台湾地区的小额程序适用于诉讼标的金额或价额在新台币10万元以下的案件。如何确定一个合理的小额诉讼的限额标准，是2012年修订民事诉讼法时的一个重要技术性问题，最终立法没有采用全国“一刀切”的固定数额标准，而是采用了更符合中国实际“弹性标

---

① 参见浙江省高级人民法院立案一庭课题组：《关于小额速裁机制的探索与完善——对浙江省小额速裁试点法院实践的考察分析》（课题组成员：张军斌、吕舸南、李竺娉），《法院调研》2012年第6期。

准”，即标的额须为各省、自治区、直辖市上年度就业人员年平均工资百分之三十以下。这就要求各高级人民法院须根据本地情况来确定和调整“小额”的数额，这种做法主要是基于两个方面的原因：一是兼顾地区之间经济发展水平的不平衡，以各省、自治区、直辖市的人均收入为计算标准，可以避免出现对经济发达地区标准过低，但对经济欠发达地区又过高的问题；二是考虑到我国的经济发展速度，以年度的收入水平作为计算标准，更能适应社会发展的实际情况。

（二）实行一审终审，无上诉救济

小额诉讼强调速审速结，把诉讼成本降至最低。为了最大限度地提高诉讼效率，小额诉讼实行一审终审，法院的裁判经送达后就生效，当事人不能提起上诉，这是小额诉讼程序与其他诉讼程序的最大不同之处，也是小额诉讼简化程序的最突出表现。由于小额诉讼案件的争议金额较小，属于案情比较简单的民事案件，判断是非曲直相对比较容易，通常不会出现大的差错，因此对小额诉讼案件实行一审终审有其合理之处，可以减轻法院与当事人的讼累。另外，实施一审终审也有助于防止有的当事人滥用上诉权以拖延诉讼，引导人民群众树立正确的诉讼观念，诚信诉讼。

（三）程序简便，灵活多样

小额诉讼程序所追寻的理想是“不需法律技巧的简易和效率”①，其最大的特点在于一个“快”，最大的价值就在于简便快捷，方便群众进行诉讼。因此，小额诉讼在程序上有两个突出的特点：一是强调程序的简易性，对包括起诉、受理、庭审程序及裁判等的各个诉讼环节都尽可能地进行简化，比如采用表格式的诉状、裁判文书，可以当即开庭等；二是强调诉讼机制的灵活性，程序的进行可以不拘泥于法定的形式，法院可采用简便的方式进行传唤和送达，可以在当事人便利的时间和地点进行开庭，可以在休息日甚至晚上开庭，以便于当事人参加诉讼。

---

① 傅郁林：《繁简分流与程序保障》，《法学研究》2008 年第 1 期。

(四)注重调解

小额诉讼案件标的额较小,当事人通常争议不大,双方接受调解或者和解的意愿相对较强,因而小额诉讼程序一般采取调解与审判一体化。重视和解和调解是各国小额诉讼程序的共同特点。根据浙江《适用意见》的规定,调解可以贯穿小额诉讼立案前、审理中及审判后的全过程。在小额诉讼程序中,法官以更为积极、主动的姿态介入纠纷的解决,在审理过程中可通过谈话的方式,积极规劝促成当事人达成和解或调解。

四、浙江法院对小额诉讼程序的发展与创新

2012年新《民事诉讼法》确立小额诉讼程序后,鉴于立法仅用一个条文做了原则性的规定,不便于实务操作,浙江省高院及时于2013年先后发布了《关于适用小额诉讼程序审理民事案件相关问题的意见》和两个《关于适用小额诉讼程序审理民事案件相关问题的解答》,对小额诉讼案件的限额标准、适用范围、审理方式、审结期限、程序转换以及再审救济问题进行了具体规范。各地法院以这些司法文件为指导,在总结小额速裁试点经验的基础上展开小额诉讼的实践,既符合本地的司法实际情况,又有所创新,为小额诉讼程序的完善奠定了基础。2015年最高人民法院出台的新《民事诉讼法司法解释》对小额诉讼程序进行了具体规范,其中许多规定都与浙江的适用意见和实践做法相一致。

(一)细化小额诉讼程序的适用条件和范围

浙江《适用意见》在立法规定的基础上,进一步确定了小额诉讼案件的限额标准,补充和列举了可以适用小额诉讼程序进行审理的案件范围。小额诉讼程序的适用条件具体包括:

其一,必须是简单的民事案件。从立法定位来看,小额诉讼程序是特殊的简易程序,因而只能适用于事实清楚、权利义务关系明确、争议不大的简单民事案件。对于案情复杂、需要人民法院依职权调查的案件,涉及国家利益、社会公共利益或他人合法权益的案

件，起诉时被告下落不明的案件，在当地具有重大影响的、具有典型性的案件或者新类型案件等，均不能适用小额诉讼程序进行审理。

其二，必须是单一的金钱给付的诉讼，也即原告对被告提出的诉讼请求是给付一定数额金钱，因而涉及人身关系争议、财产确权争议的案件均不能适用小额诉讼程序进行审理。

其三，案件标的额必须符合法律规定的标准，根据立法规定的限额计算标准，浙江省 2013 年小额诉讼案件诉讼标的限额为 14000 元（2013 年 6 月调整为 15000 元，2014 年调整为 17000 元）。

其四，适用的案件必须在法定的范围内。浙江《适用意见》从正、反两方面对小额诉讼的范围进行了列举式的规定。具体而言，以下 6 类案件适用小额诉讼程序审理：(1)买卖合同纠纷、借款合同纠纷、租赁合同纠纷和服务合同纠纷案件；(2)身份关系清楚，仅在给付的数额、时间上存在争议的抚养费、赡养费、扶养费纠纷案件；(3)道路交通事故损害赔偿和其他人身损害赔偿纠纷案件；(4)劳动关系清楚，仅在劳动报酬、工伤医疗费、经济补偿金或者赔偿金的给付数额和给付时间上存在争议的劳动纠纷案件；(5)劳务关系清楚，仅在劳务报酬的给付数额和给付时间上存在争议的劳务纠纷案件；(6)其他事实清楚、权利义务关系明确的金钱给付案件。

2015 年的《民事诉讼法司法解释》进一步将小额诉讼程序的案件范围扩大为 9 种类型，主要增加了供用水、电、气、热力合同纠纷，银行卡纠纷，物业、电信等服务合同纠纷。而涉及人身关系、财产权属关系、知识产权纠纷以及当事人提起了反诉等案件，不适用小额诉讼。

（二）对小额诉讼程序的启动方式采取“双轨制”

依新民诉法的规定，小额诉讼程序的适用具有强制性，只要符合法定的条件即应适用，没有赋予双方当事人对小额诉讼程序的选择权，即不允许双方当事人通过合意方式选择适用。浙江由于经济比较发达,民商事纠纷不仅数量大而且涉案金额比较高,符合小额诉讼标的限额的案件数量本身比较少。为了促进小额诉讼程序有效适用,浙江《适用意见》的一个亮点和创举,就是根据浙江的实际情况,在小额诉讼程序的启动上采取"双轨制",在新民诉法"小额诉讼程序强制适用"的基础上,规定了"小额诉讼程序合意适用"情形,实行强制适用和合意适用相结合。

具体而言,小额诉讼程序的启动包括以下两种方式:

(1)强制适用。标的额在法定限额标准以下的案件,只要符合小额诉讼适用条件,法院均适用小额诉讼程序进行审理。

(2)合意适用。对于标的额在限额标准以上、10 万元以下的简单民事案件,则赋予当事人程序选择权,由当事人自行决定是否适用。在审前经双方当事人同意,法院也可以适用小额诉讼程序。

"双轨制"的适用,不仅扩大了小额诉讼制度的适用范围,而且在程序的启动上赋予了当事人程序选择权,体现了对当事人自由处分权的尊重,符合民事诉讼法的基本原则和原理。实践中,一些法院根据本地的实际情况,在合意适用的基础上,进一步扩展了小额诉讼的适用范围。比如温州法院,作为温州金融综合改革试验区的本土法院,受复杂严峻的宏观经济形势和局部金融风波的影响,温州全市法院 2012 年共受理民间借贷案件 19446 件,涉案标的额 197.64 亿元;受理金融类案件 6458 件,涉案标的额 140.58 亿元。上述两类案件数量及涉案标的额与 2011 年相比分别上升了 77.35%和 375.07%。全市法院金融审判法官人均结案(含民间借贷)227 件,高居全省第一。法官结案最多的达 405 件,几乎是全省一线法官人均结案数的 2.5 倍。[①] 为进一步缩短金融债权案件审理周期,加快办案进度,2013 年 5 月开始,温州法院本着自愿原则,引导当事人对 20 万元以下的金融债权案件选择适用小额诉讼。

---

① 参见《温州中院:20 万以下金融债权案选择小额诉讼速裁》,http://www.legaldaily.com.cn/index/content/2013-05/12/content_4450545.htm,发布日期:2013 年 5 月 12 日。

(三)在小额诉讼的运行上突出程序简化、简便、快捷的特点

在小额诉讼程序的具体设计上,突出体现了两“简”、一“快”原则。所谓两“简”,即“简化”与“简便”。“简化”主要体现在庭审程序及裁判文书上,比如:将答辩期和举证期限分别缩短为7日和10日;允许用简便方式传唤当事人和通知证人出庭做证;灵活确定庭审流程,可以不受法庭调查、法庭辩论、最后陈述及法庭调解的顺序限制;简化裁判,允许采用表格式的裁判文书。“简便”主要体现在当事人参加诉讼的便捷上,包括:强化小额诉讼案件的调解,规定调解结案的小额诉讼案件可以不制作调解书;法院可以在当事人便利的时间和地点进行开庭等。

所谓一“快”,是指为了增强小额诉讼程序的效率性,要求小额诉讼案件一般应在一个月内结案。

(四)规定了当事人的救济途径

基于诉讼经济的考虑,小额诉讼实行一审终审,但并不意味着当事人无须救济,也不能保证小额案件都能得到合理审判。为避免当事人走上信访申诉之路,浙江《适用意见》设立了两个方面的救济措施,作为一审终审的补充。

其一,在小额诉讼程序的启动上赋予当事人异议权,允许当事人对适用小额诉讼程序提出异议,如果异议成立的,法院就不再适用小额诉讼程序,而是按照一般简易程序审理或转为普通程序进行审理,进一步体现了对当事人意志的尊重。

其二,赋予当事人申请再审救济的权利。在裁判确有错误的情况下,赋予当事人通过申诉渠道表达诉求的权利是必要的。当事人对已经发生法律效力的判决、裁定,可以依法申请再审。

(五)利用现代技术,创新送达方式

在小额诉讼程序的适用中,送达难是各法院普遍遭遇的问题。由于人口流动和公民隐私权加强等原因,目前法院法律文书的有效送达率普遍比较低,而小额诉讼由于审结期限仅为一个月,送达

难带来的压力尤为突出。特别是在一些物业合同纠纷案件、劳动争议案件以及机动车交通事故案件的办理中,由于涉案外地当事人较多,当事人拒绝签收法律文书的情况频繁发生。一些符合小额诉讼程序的案件,因被告无法直接送达或下落不明等原因致使启动程序困难。

为了突破小额诉讼适用中送达难的"瓶颈",浙江《适用意见》规定了传真、捎口信、电话、邮件等简易送达方式,其后又进一步明确对裁判文书以外的诉讼文书可以采取电话告知送达、短信确认回复、村干部或近亲属代为转交等简便方式进行送达。各地法院积极创新送达方式,一是充分利用现代网络技术和设备,建立电子化送达网络,通过传真、电子邮件、微信、QQ、电话录音等方式进行送达、传唤。对当事人提供传真、电子邮件等能够确认收悉地址的,通过传真、法院短信平台送达诉讼文书;如当事人身在外地,不便为小额案件来回奔波的,通过微信、QQ视频等方式确认其身份,将诉讼须知、开庭时间等通过视频方式告知,或者通过电话录音的方式,在电话中确认当事人,告知当事人相关诉讼事项,并将电话录音留存归档。二是借助社区联动、人民调解员联络等途径,通过法院的基层工作联络室、人民法庭与辖区的村、社区所建立的基层司法网络来进行送达。

五、小额诉讼程序的运行效果

从小额诉讼程序在浙江的适用情况来看,成效明显。2013年浙江省基层法院适用小额诉讼程序审结案件共32189件,约占基层法院一审民商事案件的6.10%;小额诉讼案件的调撤率为92.53%,判决率为7.13%,平均审理天数为8.06天。[①] 总体而言,运行效果较好,突出表现在以下几个方面:

---

① 参见浙江省高级人民法院民一庭课题组:《关于小额诉讼程序适用情况的调研报告——基于浙江法院2013年度小额诉讼审判实践的分析》(课题组成员:蒋卫宇、叶向阳,执笔人:沈妙),《法院调研》2014年第6期。

(一)审理期限短,审判效率显著提升

便捷、高效是小额诉讼程序的最大特点,浙江法院的实践表明,适用小额诉讼程序能有效提升民事审判效率。2013 年,基层法院审结的民商事案件平均审理天数为 57.28 天,适用简易程序审结的案件平均审理天数为 41.27 天,而适用小额诉讼程序审结的案件平均审理天数仅为 8.06 天。即便是以判决方式结案的小额诉讼案件,平均审理天数也仅为 21.5 天,只有简易程序案件审理周期的一半。

审结率高、审理期限短是小额诉讼的一个突出特点。从对宁波市六区基层法院的调研情况来看,2013 年小额诉讼案件的平均结案率为 97.81%,其中 2 个法院的审结率达到 100%;2014 年的平均结案率为 98.83%,有 4 个法院的审结率达到 100%。从审理期限来看,2013 年小额诉讼案件的平均审理期限仅为 9.90 天,其中最短的仅 3.72 天;2014 年小额诉讼案件的平均审理期限为 12.61 天,最短的 5.07 天。而且,小额诉讼案件大部分能够自动履行,即时清结,很少进入申请执行程序,基本实现“案结事了”的要求。由此可见,小额诉讼程度在审判效率方面优势明显。

(二)调解撤诉率较高,判决结案少

注重调解是小额诉讼的一大特点。从实践情况来看,小额诉讼案件的调撤率都相当高,判决的案件很少。在“调解优先”司法政策的引导下,浙江省一审民事案件的调撤率总体比较高,而小额诉讼案件的调撤率则更高。2013 年,浙江省小额诉讼案件的调解、撤诉率高达 92.53%,远远高于全省基层法院一审民商事案件平均调撤率(62.50%)。从宁波市的调研数据来看,2013 年六区法院小额诉讼案件的平均调撤率为 89.29%,其中有 3 个法院的调撤率超过 90%,调撤率最高的法院达到 96.93%;2014 年小额诉讼案件的平均调撤率为 86.25%,调撤率最高的法院达到 99.07%。调解在小额诉讼程序中的作用和效果由此可见一斑。

(三)案件类型集中,当事人主要为公民个人

受纠纷性质及诉讼标的额的限制,浙江各地法院适用小额诉讼程序的纠纷类型虽然存有一定差异,但都相对集中,主要是机动车交通事故责任纠纷、追索劳动报酬纠纷、物业服务合同纠纷、民间借贷纠纷和买卖合同纠纷。以宁波市北仑法院为例,在2013年和2014年所受理的711件小额诉讼案件中,物业服务合同纠纷486件,占小额诉讼案件总数的68.35%,机动车交通事故赔偿纠纷126件,占小额诉讼案件总数的17.72%,这两类案件所占比例为86.08%。

从诉讼主体来看,小额诉讼案件的当事人多为公民个人。其中,原告为公民个人的占案件总数的81.1%,被告为公民个人的占74.9%,大部分的小额诉讼案件为发生在公民之间的纠纷。当事人为法人或其他组织的案件,主要是物业服务和银行卡纠纷。

作为一个崭新的制度,其为民众所普遍接受还需要一个过程。从浙江各地法院的实践情况来看,目前小额诉讼程序的适用率总体上还不高。这一方面是因为小额诉讼在我国适用的时间不长,当事人对这一新的诉讼制度还比较陌生,缺乏了解和信任;另一方面,小额诉讼程序虽然具有便民诉讼的特征,以为民众提供便捷、简易司法救济为目的,但由于实行一审终审,当事人无上诉救济的机会,使得许多当事人心存顾虑,不愿、不敢主动适用小额诉讼程序。针对这一情况,浙江各地法院纷纷加大宣传力度,突出小额诉讼程序便捷、高效的优点。随着民众认同感和接受度的提高,通过法官的积极引导,小额诉讼程序将受到更多案件当事人的青睐。

第六章　夯实基层:人民法庭的建设与创新

人民法庭是基层法院的派出机构和组成部分,作为人民法院审判工作的前沿阵地,直接面向基层、面向农村、面向群众,担负着大量民事纠纷案件的审理任务,同时还指导人民调解委员会的工作,参与社会管理综合治理,在法治中国进程中发挥着"神经末梢"的作用,是检验人民法院司法公信力和群众满意度最好的一块"试金石",也是展示人民法院和法官良好司法形象的第一窗口。

浙江省海域约26万平方公里,陆域约10万平方公里,山地和丘陵占陆域面积的70%。全省222个人民法庭星罗棋布,或深入海岛,或扎根山区,或居于闹市,或偏安乡村,是为全省944个乡镇定纷止争的司法"前哨",以全省1/10的法官数审理了全省1/3的案件,守望着"法治浙江"在"七山一水两分田"的古越大地茁壮成长。[①] 浙江法院在司法改革中很重要的一条经验,就是高度重视人民法庭的窗口和纽带作用,把它作为密切联系群众、践行"司法为民"宗旨最直接的平台。

第一节　螺旋发展:人民法庭的职能演变与定位

我国的人民法庭制度确立于1954年,1954年《人民法院组织法》规定:基层人民法院可以根据地区人口和案件情况设立人民法庭。此后,人民法庭作为联系群众最密切、最广泛的基层司法单位,直接面向人民群众提供司法服务,满足广大人民群众对法律的

---

① 参见余建华、孟焕良:《"一竿子插到底"的基层司法》,《人民法院报》2012年5月14日。

需求,化解矛盾纠纷,维持社会稳定,在我国的司法工作中扮演着不可替代的重要角色。

一、人民法庭的职能演变

在我国不同的历史时期,人民法庭的职能和作用也有所不同,经历了一个发展演变的过程。

1963 年 7 月,最高人民法院制定了《人民法庭工作试行办法》,对人民法庭的设置、配备、任务等做了系统规定。根据该办法,人民法庭承担着多种职能,除了审理一般的民事案件和轻微的刑事案件外,还包括指导人民调解委员会的工作,宣传政策、法律、法令,处理接待来信来访,以及办理基层法院交办的事项。由于当时诉讼案件相对较少,人民法庭的工作主要是处理来信来访、法律宣传等非诉讼事务。

1998 年,为了加强人民法庭建设,最高人民法院在北京召开了全国人民法庭工作会议,并于 1999 年 7 月出台了《关于人民法庭若干问题的规定》,对人民法庭的职能进行了调整,主要有两个方面的变化:一是扩大了审判职能,除了审理民事案件和刑事自诉案件,还可以办理本庭审理案件的执行事务,并规定有条件的地方可以审理经济案件。二是剥离了处理接待来信来访的职能。此后,审判和执行工作成为人民法庭的核心职能。

进入新世纪后,在构建社会主义和谐社会的目标下,人民法庭作为化解矛盾纠纷、维护社会稳定第一线的作用得到了充分的重视,指导人民调解、进行法制宣传、参与社会综合治理等职能得以强化。2009 年 9 月,经过广泛征集、充分采纳各方面意见,最高人民法院将“公正、廉洁、为民”确定为人民法庭庭训,逐步将人民法庭建设纳入专业化轨道。

二、人民法庭的职能定位

在新时期,人民法庭的职能定位应当在回归诉讼事务与非诉讼事务兼重的传统职能的基础上,以审判职能为中心,进一步向前推进司法服务，强化处理非诉讼事务的职能，加强对人民调解的指导，积极通过非诉讼手段化解社会矛盾，实现人民法庭职能定位的升华。①

（一）行使审判职能，有效化解涉诉矛盾纠纷

法院的核心工作是审判，审判的首要任务是解决纠纷，人民法庭只有通过审判活动才能完成自己的角色定位。因而审判工作是人民法庭永恒的主题，人民法庭的主要业务是全面、高质、高效地完成各项审判任务。作为面向基层群众的一线审判组织，人民法庭面对的是普通百姓，处理的是家长里短的纠纷，应当按照法定程序审慎处理好每一起涉诉案件，在严格遵守法定程序的同时，加强法律释明和裁判说理工作，确保纠纷依法得到公正处理。同时，落实“调解优先”原则，尊重民风民俗，多做调解工作，实现案结事了，体现法律效果和社会效果的有机统一。

（二）指导人民调解，建立多元化纠纷解决机制

指导人民调解是人民法庭承担的一项重要职能，通过建立指导人民调解的常态化工作机制，提升基层调解组织和调解员化解矛盾纠纷的能力，实现司法调解与行政调解、人民调解的对接，建立诉讼与非诉讼相衔接的多元纠纷调解机制。同时健全基层民意沟通网络，通过司法职能作用联合行政部门、调解组织、工会组织等力量，协调好社区村镇等基层组织的关系，多方联动，调动一切有利因素促成矛盾化解，息诉息访，维护所在辖区的社会稳定。

（三）开展法制宣传，提升基层群众法治意识

人民法庭处于推行法治的前沿阵地，面对的是法治思维和法律水平相对薄弱的基层执法环境，人民法庭的法制宣传是提升基层群众法治意识的最有效方式之一。人民法庭掌握着丰富的法制

---

① 参见张新安：《浅谈新时期人民法庭的职能定位》，http://www.chinacourt.org/article/detail/2013/12/id/1166440.shtml，发布日期：2013年12月23日。

宣传资源,应当深入群众、社区、校园,通过巡回审判、法律咨询、法制讲座等多种方式做好法制宣传教育工作,增强法制宣传的针对性和实效性,逐步提高人民群众的法治意识、法律水平和防范矛盾纠纷的能力。

(四)参与综合治理,助推基层社会健康发展

人民法庭受理的案件是基层社会矛盾的晴雨表。人民法庭要积极参与管理创新,配合有关部门进行社会治安综合治理。结合本地经济发展的实际,做好社会稳定及经济安全形势研判工作,及时向相关部门提出司法建议,帮助基层党委政府预防矛盾、化解纠纷,避免事态扩大化,促进辖区社会稳定和经济发展,为全面构建和谐社会提供最直接、最有力的司法保障。

第二节 重心向下:人民法庭建设的推进和发展

基层建设,事关全局。重视基层基础工作,是我们党的优良传统,也是人民司法工作不断取得进步的宝贵经验。全面加强人民法庭建设,对巩固党的执政基础,推动社会主义物质文明、政治文明和精神文明建设,构建社会主义和谐社会,具有十分重要的意义。浙江法院在加强基层司法建设的理念指导下,多措并举,全面推进人民法庭建设,不断提升基层司法水平。

一、重视基层建设,确立基层司法的工作理念

加强基层人民法院及其派出法庭建设历来是最高人民法院的工作重点。自 1998 年底召开第一次全国人民法庭工作会议以来,在 6 年多时间里,最高人民法院先后就人民法院的基层基础工作召开了 2000 年长春会议、2004 年济南会议、2005 年第二次全国人民法庭工作会议等 6 次会议,表明最高人民法院对人民法院的基层基础工作包括人民法庭工作的高度重视。其中,2005 年 4 月在广东佛山召开的第二次全国人民法庭工作会议,要求从构建社会

主义和谐社会的高度来认识人民法庭工作的重要性和紧迫性。2009 年 9 月，最高人民法院印发了《关于全面加强人民法庭工作的决定》，对全面加强人民法庭建设提出了具体的部署和要求。

基层建设是人民法院整体工作的基础，是提高人民法院整体工作水平的重要途径。在浙江法院系统，90％的案件集中在基层，80％的法官工作在基层。浙江法院高度重视基层司法的建设，充分认识到加强基层司法，事关"法治浙江"的进程，事关法院事业的发展，所谓"基础不牢，地动山摇"。多年来，牢固树立服务基层、服务审判第一线的理念，形成"心往基层一线想、人往基层一线放、事为基层一线办，钱为基层一线花"的导向。为加强对法庭工作的归口管理，浙江省高院于 2011 年成立基层工作处。

在坚持面向基层、服务基层、建设基层的指导思想下，确立了抓好基层司法的具体工作思路和任务。一是加强调研指导，建立院长"微服私访"制度，直接听取基层干警的意见建议，运用指导性意见、会议纪要、问题解答、案例指导等多种载体，切实帮助基层破解司法难题。二是加强科技强院，加大电子审务的软硬件建设，加强信息技术在法院办案、审判管理、队伍管理、为民司法等方面的开放应用，切实提高基层司法的科技含量。三是加强法官培训，发挥优秀法官的"传帮带"作用，通过集中培训、巡回辅导等方式多渠道、多层次开展各种技能训练，切实提高基层司法能力。四是加强"两庭建设"，加大扶持力度，积极争取党委政府的扶助政策和资金，切实改善基层办案条件。①

二、创建"五好法庭"，开展人民法庭争创活动

开展人民法庭争创活动，是浙江法院的一个创举。

1991 年，省高院在全省部署开展了以"思想作风好、完成任务好、团结协作好、遵纪守法好、装备管理好"为主要内容的争创"省

---

① 齐奇：《统筹"八项司法"，服务科学发展》，《人民司法》2009 年第 15 期。

级五好法庭”活动。浙江三级法院普遍成立了由院领导挂帅、中层领导参加的法庭工作和争创活动领导小组,形成了一个“高院抓全面、中院抓条块、基础法院抓实施”,以及“院长亲自抓、分管院长具体抓、民庭协助抓、其他部门支持抓”的争创管理体系。① 到 2002 年,全省 80%以上的法庭都已达标。

为百尺竿头更进一步,2002 年,省高院下发《关于争创五好人民法庭活动若干问题的意见》,在已达标法庭中开展争创“省级模范五好法庭”活动,并在工作实绩、队伍建设、物资装备等方面确立了“模范五好法庭”的硬指标。

2009 年,开始在“省级模范五好法庭”中,依托审判质效评估等充实争创内容,采用“流动红旗制”,实行“固定基数、优胜劣汰”的争创机制,有力推动了人民法庭的规范化、制度化建设。浙江省高院专门成立考核小组,分别进行实地考核,征求人大等有关部门意见,走访有关案件当事人,抽查各类案件,检查各种账簿册本,查看法庭内务外貌等,最后根据总分排名评优,并公示表彰。

实践证明,争创活动是加强人民法庭建设、提高基层司法能力的有效工作载体和抓手,全省 222 个法庭同台竞技,产生了一种你追我赶的良性竞争氛围,审判质效指标数据逐年优化。到 2012 年,除新设立的人民法庭外,其余 212 个人民法庭均已达到“省级五好法庭”的软、硬件标准,一大批优秀法庭脱颖而出。比如绍兴市法院 2002 年在全省率先实现省级五好法庭“满堂红”,2009 年诸暨市枫桥法庭被最高法院授予“全国十佳”法庭的称号。

三、加大扶持力度,改善人民法庭的执法条件

浙江法院的法庭建设工作起步比较早。1988 年,袁芳烈到任浙江省高院院长,开启了“两庭建设”工作。当时“办公没有桌,睡觉没有窝,吃饭没有锅”的状况比比皆是,直接损害了人民法院和

① 参见余建华、孟焕良:《“一竿子插到底”的基层司法》,《人民法院报》2012 年 5 月 14 日。

人民法官在群众中的形象。此后，浙江法院通过开展人民法庭争创活动等，使得法庭建设取得了明显的成绩。

为了进一步改善人民法庭的执法条件，通过多种渠道加强保障，提升人民法庭的物质装备和科技水平，实施了以下举措。一是省高院和各中院加大扶持力度，争取省发改委、财政继续实施扶助法院基层建设的政策和资金，近年来共拨付人民法庭建设专项资金 2.6 亿元，为人民法庭的建设提供了有力的保障。二是各地法院积极争取党委政府的重视和支持，合力推进人民法庭的物质装备建设。比如，温州中院针对全市 28 个人民法庭中 23 个亟须新建或改建的情况，成立法庭工作领导小组，两次专题向市委报告，使法庭建设纳入《温州市基层政法综治组织基础设施建设“十一五”规划》，进入县市区政法工作的年度考核，限时完成。面对征地、资金困难等，时任温州中院院长的崔盛刚多次深入一线，邀请党政领导现场办公，争取到省高院拨款 1690 万元、温州市级财政拨款 1350 万元、县级政府拨款 6000 多万元。截至 2012 年，新建成人民法庭用房 11 个、扩建 2 个、在建 7 个，建筑面积达 4.5 万平方米。①

经过努力，大多数地区，特别是欠发达地区人民法庭的执法条件得到了极大的改善。到 2012 年，共有 59 个人民法庭完成新建，新增面积 142064 平方米，全省人民法庭平均建筑面积达到 1605 平方米，其中高于国家“两庭”建设基本标准的 173 个，占人民法庭总数的 77.9%。所有法庭配备安保设备、警车、法警或安保人员，建立完善电子局域网，实现了网上办案、电子签章，共建成数字法庭 403 个，有效推进了信息技术在人民法庭工作中的广泛适用。不少法庭已建成集审判法庭、调解室、接待室、办公室、档案室、图书室为一体的审判用房。②

---

① 参见余建华、孟焕良：《“一竿子插到底”的基层司法》，《人民法院报》2012 年 5 月 14 日。

② 参见余建华、孟焕良：《“一竿子插到底”的基层司法》，《人民法院报》2012 年 5 月 14 日。

四、立足省情乡情,探索人民法庭的特色化发展

坚持一切从实际出发,是做好人民法庭工作的客观要求。浙江省自然环境和人文环境丰富多彩,自古以来就形成了别具特色的浙江乡土文化,改革开放后更是异军突起,呈现出民营经济发达,区域块状特色产业优势明显,市场化和外向度比较高等显著特点。同时随着经济的发展,外来人口大量涌入,新老居民杂处,社会结构日益多元,利益诉求日益多样,城镇与乡村、内陆与沿海、山区与海岛各具不同特点。浙江各地法院在推进人民法庭工作的过程中,坚持从省情乡情出发,立足本地实际,找准工作的结合点、着力点,充分利用本地乡土文化资源,走特色化发展的道路,力求各项举措既符合审判工作规律,又符合当时当地的客观要求,让有限的审判资源发挥更大的作用,促进人民法庭的可持续发展。

比如,温岭法院的6个人民法庭根据所辖区域经济文化特征,围绕基层司法主题,确定了争创“一庭一品”活动的主要方向。农业区的新河、箬横法庭倡导温馨调解,建立“温馨调解室”,法官和当事人同坐一张圆桌,以拉家常的方式进行调解;商贸区的大溪、泽国法庭倡导诚实守信,创设“商事调解室”,聘请来自不同行业的12个同业公会的21名商事调解员,开展“背靠背”式调解;渔业区的松门、石陈法庭倡导便民服务,松门法庭推行速裁诉调制度,对小额债务纠纷、损害赔偿纠纷等案件速裁速调,石陈法庭利用渔船与村委会之间互通联系的单边电台等渔业通信设备进行预约立案、判后答疑,方便群众诉讼。

第三节　本固枝荣:人民法庭建设工作的成效

多年来,浙江各级法院在加强基层建设方面做了大量卓有成效的工作,切实推进人民法庭的建设,人民法庭的执法条件和司法能力得到显著的改善和提高。广大人民法庭的干警在案件数量持

续上升、司法难度日益加大的情况下，兢兢业业，勇于探索，取得了令人瞩目的成绩。①

一、履行审判职能，化解纠纷的能力显著提升

全省人民法庭努力践行“公正、廉洁、为民”的庭训，狠抓执法办案第一要务，把化解矛盾、案结事了作为人民法庭首要的工作目标。2008—2012 年，共依法审结一审民商事案件 493495 件，占全省案件总数的 31.5%；执结案件 52914 件，占全省总数的 6%。人民法庭法官年均结案 179 件，有的人民法庭年均办案数超过 450 件。各地人民法庭在审判工作中，一是坚持实体公正与程序公正并重，法律效果与社会效果相统一，运用现代信息技术，创新审判管理，扩大简易程序适用范围，案件审理质量和效率均有提升，所办案件当事人的服判息诉率达到 82.2%，平均审结期限为 48.5 天；二是认真贯彻“调解优先、调判结合”的原则，传承和发展“枫桥经验”，着力推动司法调解、人民调解、行政调解“三位一体”的大调解工作体系，建立健全诉讼与非诉讼衔接的多元纠纷处理机制，人民法庭的调撤率逐年上升，2011 年为 70.33%，有的法庭高达 93% 以上，使绝大多数矛盾纠纷化解在基层，有效促进了社会的和谐稳定。

二、践行能动司法，保障经济平稳健康发展

全省人民法庭认真落实依法保障中小微企业创业创新发展和新农村建设的指导意见，强化“为大局服务，为人民司法”的能动司法意识，探索主动型、服务型司法的工作方法，发挥面向基层、贴近企业的优势，广泛开展“进村入企”活动，走出法庭，走近群众，把握矛盾纠纷的动态，及时排查化解民间社会经济领域的矛盾纠纷和风险隐患，在零距离的司法服务中，以良好的司法形象重新融入基

① 材料来源：浙江省高级人民法院报告《推进人民法庭建设　提高基层司法能力》。

层群众的生产生活之中。注重帮扶涉案中小微企业脱危解困,维持有效的生产力,尤其是2008年的金融危机以来,各地人民法庭走访企业6700余家(次),帮助排查经营上的法律风险13000多个,提出法律意见743条,编发典型案例1600多个,妥善化解欠薪纠纷8580件,审结涉企和民间借贷纠纷案件24000余件。同时,特别注重调查研究,关注当地经济社会发展中出现的新问题,做好社会稳定和经济安全形势的研判工作,及时向当地党政部门提出司法建议,为地方经济社会发展提供了有力的司法保障。

三、落实司法为民,健全便民、利民诉讼机制

全省人民法庭坚持司法为民的理念,以更加主动的姿态,贴近基层群众需求,立足当地实际,在立案、审判、执行及其他环节实施一系列便民、利民诉讼新举措。加强法庭立案窗口建设,为当事人提供诉讼引导、诉前调解、立案受理、判后答疑等"一站式、低成本"的司法服务,方便群众诉讼;推行巡回审判、预约立案、远程审理、假日法庭、午间法庭等多种司法服务方式,在边远山区和其他有司法需求的地方增设人民法庭10个,巡回审判站点333个,开展巡回审判41000余次;针对案件当事人多是农村群众,法律经济条件较差、法律水平普遍较低、诉讼能力不足的实际情况,注重依照司法职权进行释明,积极指导当事人举证、质证,回应群众对司法公正的需求。同时关注社会困难群众,保护弱势群体的利益,不断完善涉民生案件的快速处理机制,努力做到感情上"亲民"、工作上"利民"、措施上"便民",真正体现司法"情为民所系、权为民所用、利为民所谋"的为民情怀。

四、参与社会管理创新,维护基层社会和谐稳定

全省人民法庭主动延伸审判职能,积极投入社会治安综合治理和平安创建活动,推动基层社会管理完善和创新,形成了许多富有成效的特色做法。把指导人民调解组织工作作为人民法庭参与社会治安综合治理的最重要手段,改进了基层调解联席会议制度,

在135个人民法庭设立了人民调解窗口,成为诉调对接的平台、指导人民调解的平台、整合社会资源化解纠纷的平台。探索指导人民调解工作新思路,2008—2012年,举办各种业务培训班1600余次,培训人民调解员2万人次,有效提升了人民调解员的法律素质和调解能力。积极参与当地"网格化管理、组团式服务",与基层组织建立工作联系,建立与乡镇、街道综治中心的对接机制,多方联动,就地解决纠纷,被称为"法庭110""家门口的法庭"。注重拓展人民法庭协作地区治理的新路径,最大限度地将民间纠纷化解于诉前,消除于萌芽状态,做到小事不出门、大事不出村,维护基层和谐稳定。

五、推进廉洁司法,队伍整体素质明显提高

作为基层人民法庭,只有建设一支过硬的法官队伍,才能够适应新形势的要求。全省人民法庭切实加强队伍建设,坚持把思想政治建设放在法庭建设的首位,人民法庭法官的政治、业务和职业道德素质有了明显提高。截至2012年,全省人民法庭共有干警和审判辅助人员1847名,比2007年增加了12%,其中法官845名,占全省法官总数的11.6%。干警中有大学本科以上学历的占89%,比2007年增长9.4%,其中有研究生学历的194人。在思想作风上,坚持以社会主义法治理念为指导,广泛开展"规范司法行为、促进司法公正"专项整改等一系列主题教育活动和法庭文化建设,贯彻浙江法官"职业四要",人民法庭干警的违法违纪人数逐年下降,2011年是零违纪。同时,涌现出一批先进集体和个人,诸暨法院枫桥法庭、慈溪法院周巷法庭、鄞州法院姜山法庭等6个人民法庭被授予"全国优秀人民法庭""全国青年文明号""全国法院先进集体"等荣誉称号;有120人次被评为"全国人民法庭优秀法官"或受到省级以上表彰。在业务上,加强人民法庭干警培训工作,提高法官职业技能和司法能力,截至2012年,共有1900余人次法官接受了培训,实现了法庭审判人员全员轮训的目标。人民法庭逐渐成为浙江法院审判人才的培育基地、管理人才的锻炼平台,有

107 名法庭的正副庭长被提拔为院领导,1101 名具有法庭工作经历的审判人员走上了法院中层领导岗位。

第四节　一庭一品:特色法庭建设的实践创新

推进人民法庭工作,须立足本地实际,充分利用本地乡土文化资源,做到既符合审判规律,又适应当时当地的客观需要,让有限的审判资源发挥更大的作用。基层是创新的土壤,探索是创新的种子。为进一步凝练特色,浙江省温岭、宁波等地法院尝试开展"一庭一品"活动,积极推进特色法庭的建设工作。2013 年,宁波市中院在特色示范法庭评选工作的基础上,按照"创特色、创品牌、创一流"的工作要求,在全市人民法庭开展"一个法庭创一个品牌"的"一庭一品"活动。通过该活动,各地人民法庭发挥贴近群众的地域优势和职能优势,立足辖区的经济、人文等特点,充分发挥法庭的前沿阵地作用,不断拓展和延伸司法职能,因地制宜,因时制宜,开拓创新,挖掘亮点,量身打造风格各异的法庭特色品牌,走出了一条颇具代表性的特色法庭建设道路。①

一、与时俱进:QQ 法庭和文化法庭

(一)泗门法庭的 QQ 法庭

泗门法庭位于余姚市北部,下辖的四个镇企业林立,经济比较发达,因而纠纷频发,法庭案多人少的压力大,主审法官的年均办案量超过 350 件,是宁波市乃至浙江省受理案件最多的人民法庭之一。为应对日益攀升的案件数量,满足基层群众对司法工作的需求,泗门法庭努力延伸司法职能,借力网络手段创建 QQ 法庭,充分发挥司法调解主导作用,通过 QQ 群的实时性、便捷性,指导人民调解,形成人民调解合力,很多矛盾和纠纷得到了及时妥善

---

① 材料来源:宁波市中级人民法院 2014 年"一庭一品"评选材料。

的解决。

QQ 法庭并非泗门法庭首创，自 2005 年以来，贵州榕江、福建沙县、江西南昌等地的基层人民法院都先后开设了 QQ 法庭。不过，泗门法庭的 QQ 法庭相比起来却具有自己的特色。其他地方开设的 QQ 法庭主要是通过网上视频形式开庭审理案件，目的是方便身处异地的当事人，尤其是外出打工人群打官司，实际上是远程审判的一种形式。而泗门法庭的 QQ 法庭主要是通过 QQ 群的形式将法庭、各镇综治办、司法所、人民调解组织和个别企业代表紧密联系起来，为他们搭建在线交流、普法宣传、案例指导、视频调解等多种形式的网络沟通和反馈平台，是法官指导人民调解和实现多方联动的一种新形式。

实时沟通、及时反馈是 QQ 法庭的最大特色。泗门法庭指派专人负责 QQ 法庭的建立、维护和联络，并由各镇综治办负责人担任联络员，形成专人负责、多人管理、联动参与的工作机制。法庭每周指派一名法官或法官助理轮流上线，于每日下午 4 点至 5 点接受在线咨询。针对调解员在工作中遇到的疑难问题，法官帮助他们分析案情、理清思路。法官在办案时也可以通过在线交流的方式了解相关案件背景情况。利用 QQ 群的电子化、网络化功能，法庭定期上传法律资料、播放普法片、开展法律知识讲座、组织在线讨论与投票等，加强各成员司法素质，提高化解纠纷的水平。

QQ 法庭运行一年以来，共开展各类群活动 48 次，上传农村生活中常见的婚姻家庭、交通事故责任、农村建房、工伤赔偿等纠纷的法律资料 43 篇，成功指导人民调解组织化解纠纷 7 起。QQ 法庭的运行效果不仅赢得了人民调解员队伍的口碑，也引发了众多媒体关注，《人民法院报》《浙江法制报》《宁波日报》等多家新闻单位对此进行了相关报道。

（二）姜山法庭的文化法庭

姜山法庭位于宁波市鄞州区南部，辖区人口众多、经济发达，各类诉讼案件数量多、类型新、难度大。针对辖区的经济特点，凭借法庭法官普遍学历、素质较高的优势,着力创建文化法庭,通过打造审判文化、和谐文化、廉政文化等“三项文化”,并发挥文化建设的实际作用,让文化建设与审判工作互相促进,其成效卓著,有力地促进了法庭各项工作的开展。

其一,庭院打造“审判文化”。在草坪四周分立了 16 尊白色大理石石刻,上有鎏金的古今中外著名法谚,与法庭大楼正门上面镶嵌的“公正、廉洁、为民”庭训相互辉映;审判区设置了图文并茂的宣传栏,生动地展示审判人员服饰、庭审活动现场、审判各项制度及公民的权利义务等内容。

其二,调解区创设“和谐文化”。走廊上设置小故事园地,通过“百事可成”等寓言故事、“六尺巷”等人物故事教育当事人;调解室里张贴有“换位思考,互谅互让”等促进调解的标语,调解桌上摆放刻有“讲话讲道理、吃鱼吃肚皮”等宁波方言的三角牌,使当事人平心和气,理性调解。

其三,支部活动区构建“廉政文化”。三楼的支部活动室,有一面独特的文化墙,墙上有每一位干警家庭的生活照,下面配有“家人寄语”,用饱含深情的家属寄语时刻提醒法官,要廉洁司法、一心为民。法庭还配置了图书室、文体设施室,成立了书画小组、游泳小组等兴趣团体,通过丰富多彩的文体活动,充分展示法官才艺,不断提升法官的文化魅力。姜山法庭的文化建设有特色、有看点、有亮点,吸引了 20 余批次全国兄弟法院前来考察交流。

为发挥文化建设的实际作用,姜山法庭通过五项举措,让文化建设与审判工作互相促进:一是内化于心,提升法庭文化的引导功能;二是外化于行,发挥法庭文化的凝聚功能;三是固化于制,增强法庭文化的约束功能;四是活化于形,加强法庭文化的激励功能;五是承载于物,提高法庭文化的感召功能。通过文化建设塑造法官品格、凝聚法庭精神,要求全庭干警“争做有文化的法庭人”,以预约法庭、午间法庭、巡回法庭、假日法庭的“四庭制度”为载体,认真落实排民忧、解民难、息民愤、化民怨的“四民服务”。

通过加强文化建设,有力地促进了审判工作。自 2005 年以来,姜山法庭连续八年审结的6000余件案件未被改判、发回,案件的调撤率与自动履行率均在80%以上。姜山法庭先后一次荣立集体二等功,三次荣立集体三等功,连续两次荣获“省模范五好法庭”“传承枫桥经验”先进法庭等荣誉称号,2014年又荣获“全国法庭工作先进集体”并受到最高人民法院表彰。

二、因地制宜:山里法庭和渔港法庭

(一)深甽法庭的山里法庭

深甽法庭位于宁海县西北部,辖区面积为269平方公里,其中山区及半山区占90%。作为面向边远山区、面向广大农村群众的基层前沿阵地,深甽法庭立足辖区特点,积极探索诉调对接机制,不断提升法庭工作水平,促进山区法治建设,创建具有山区法庭精神特质的“山里法庭”品牌。通过构建乡镇街道、行政村、自然村的“三级调解网络”和覆盖辖区的“巡回审判网络”,借力辖区司法资源,多方联动化解纠纷,实现诉调无缝对接,努力做到矛盾基本不出村、纠纷基本被调解,打造“山里人和谐村落”,并最终实现“和谐辖区”的总体工作目标。

其一,在边远山村设立“山里法庭工作室”,构建覆盖整个辖区的巡回审判网络,方便群众诉讼。在村委会挂置法官形象栏,公开工作规程,明确联系法官。每月确定两天为驻村日,联系法官入驻“山里法庭工作室”,开展预约立案、信访接待、法律宣传以及诉前调解纠纷等工作,为山村百姓提供了便捷、及时的法律服务,真正做到了让老百姓在家门口就能享受到优质、高效的便民措施。结合实际,强化与辖区各级妇联组织、人民调解委员会等的联系、沟通,共同化解婚姻家庭纠纷,探索具有山区农村特色的婚姻家庭纠纷联合处理模式,取得一定成效。2014年共办结婚姻家庭纠纷案件89件,其中调解54件,撤诉16件,调撤率达到78.65%。

其二,在法庭设立“山里人调解室”,建立纠纷分流机制,对一些案情简单、事实清楚的纠纷,法庭及时委托人民调解委员会进行诉前和诉中调解,并将各村的人民调解员纳入调解网络中,适时邀请村人民调解员、村干部协助调解,力求当事人服判息诉、案结事了。2014 年共委托诉前调解和司法确认案件 150 余件,案件服判息诉率达到 97.30%,民事调撤率 68.97%,均位于全市法庭前列。

其三,落实法官联系村居制度,“一对一”提供司法服务。指定法官结对村居,分片负责,每月进村居一次,定期进村排查梳理矛盾纠纷,提供法律咨询和帮助,举办法制宣传讲座,畅通群众利益诉求渠道。

其四,针对山区群众思想比较陈旧,法律意识淡薄的现状,以打造“山里法庭阳光司法工程”为统领,拓宽司法公开渠道,深化落实便民举措,开展走访村委、走访代表、走访乡镇的“三走访”活动,积极搭建民意沟通平台,努力使法庭工作更加符民情、恤民意,让山区人民更多地接近司法、参与司法、监督司法。

其五,因地制宜,打造有地域特色的“山里法庭”廉政文化品牌。开展“庭院五小”温馨工程建设,利用空闲土地和房屋,在法庭院子四周建“小菜园、小鱼池、小花园、小健身、小警句”,工作之余干警可以整理菜园,活动身体,放松心情。并通过自然景观、图文字画等静态载体来增强廉政文化感染力和渗透力,以景寓意,潜移默化,激励干警廉洁自律、恪尽职守。

（二）石浦法庭的渔港法庭

石浦法庭位于象山县石浦渔港,在其所管辖三个乡镇中,石浦镇是全国六大中心渔港之一,鹤浦镇和高塘岛乡是海岛乡镇,当地居民多以出海捕鱼为业。由于渔民外出捕鱼活动频繁,诉讼权利无法及时主张的现象时有发生,法院送达也比较困难,影响了审判效率。石浦法庭结合当地特色,以司法为民为重心,以参与社会管理为抓手,打造渔港法庭,根据渔民活动特点和规律,以立案、送达、巡回法庭、执行、参与社会管理等方式为载体,确立便民诉讼机制,为渔民提供特色司法服务。

其一,在立案环节,针对渔民出海捕鱼不常在家的情况,开展预约上门立案和下班后立案服务，利用中午、晚上休息时间受理渔民诉讼案件。

其二，在送达环节，由于渔民远洋捕捞时一般通信设备无法做到适时联系，送达人员上门送达和邮寄送达均无法实现，因此，积极探索其他替代送达方式，比如通过渔船上的“单边带”通信工具、卫星电话等送达开庭传票、预约开庭时间。

其三，在审判环节，根据辖区的实际情况和案情需要，灵活配备司法资源，深入海岛及交通不便的地区，以及到渔民生活的渔船上去开展巡回审判工作，就地开庭、就地调解、就地结案。同时，利用巡回审判到海岛、渔船上宣传法律知识，真正做到“送法下乡”。

其四，在执行环节，根据当地渔民出海捕鱼工作的周期性特点，划分休渔期和捕鱼期，具体问题具体处理，推行分类执行工作。如在多起民间借贷的执行案件中，基于渔民被执行人在休渔期间没有收入的事实，执行法官向申请人说明情况，建议适当宽延履行期限，尽量做好和解工作。同时加大对柴油补贴的执行力度，2014年上半年有44起船员被执行人的案件被依法划扣了柴油补贴款，切实维护了申请人的合法利益。

三、人文关怀：老年法庭和法暖外口法庭

（一）溪口法庭的老年法庭

随着中国老年社会的来临，人口老龄化所带来的养老、医疗、维权等诸多问题日益凸显，如何在审判实务中切实有效地保障老年人的合法权益，为老年人诉讼提供便利，并且针对老年人的特点建立一种与社会发展同步的司法保护体系成为人民法院面临的一项紧迫课题。溪口法庭积极探索新形势下维护老年人合法权益的新思路、新方法，根据溪口法庭所处的地理位置、区域民风等现状，组建老年法庭，及时为老年人撑起了一把“保护伞”，取得了良好的政治效果、法律效果和社会效果。

溪口法庭管辖的溪口镇位于奉化市西部，是浙江省辖区面积

最大的一个镇,辖区内山区面积约占总面积的80%。由于山区收入来源单一,大部分青壮年外出工作,产生了大量的山村留守老人。近几年,溪口作为宁波市卫星城镇和省小城市建设试点镇,涉及房屋拆迁、土地征用、退花还林等民生工程不断增多,影响老人合法权益的事情不断显现,因而溪口法庭每年受理的涉老案件较多。溪口法庭高度重视老年维权工作,组建了涉老案件合议庭(俗称"老年法庭"),专门负责处理涉及老年人的民商事案件。老年法庭由一名工作经验非常丰富的老法官、一名助理审判员、一名专职人民陪审员和一名书记员组成。老年法庭由这名老法官"唱主角",助理审判员和专职陪审员则主要配合法官做好涉老案件审判的延伸工作,如信访接待、案件调解、判后答疑、回访及执行等。针对老年人和涉老案件的特点,形成了有针对性的工作机制和工作特色。

其一,日常接待尊重老年人,及时做好解释劝导及诉前调解工作。平时老年人遇到问题来法庭咨询的比较多,老年法庭针对老年当事人年龄大、文化程度低、对法律认知能力较差等情况,耐心细致地进行法律解释及必要时的诉前调解工作,并充分行使释明权,引导老年人正确行使诉讼权利,维护其合法权益。

其二,尽量简化诉讼程序,强化调解职能。老年法庭对涉老案件坚持优先审理、快审快判,尽可能适用简易程序和小额诉讼程序审理,能当庭宣判的则当庭宣判,减少诉讼成本,提高审判效率。同时,把调解工作贯穿于案件审理的各个环节,多调解、少判决,真正做到案结事了。

其三,坚持庭后回访,将保障老年人的合法权益落到实处。涉老案件具有特殊性,比如赡养纠纷案件的原被告为父母子女关系,赡养人在案件处理时可能迫于法律威力和舆论压力勉强接受审判结果,但时间一长又往往恢复原状。为此,老年法庭确立了案件回访制度,案件判决后,不论老年人是否申请执行,都主动及时做好回访工作,确保老年人合法权益得到有效的保护。

其四,注重审判职能的延伸,多渠道为老年人提供法律服务。

针对山区老年群众法律意识薄弱的现状，老年法庭克服人员少、任务重等困难，坚持定点到社区、乡村接待老年人的来访，开展法制宣传、法律咨询活动，为老年群众提供优质高效的法律服务。并且建立慰问帮扶制度，每年到敬老院慰问孤寡老人。老年法庭的法官还与任宋村的一位66岁的老年人结对，进行长期帮扶，定期或不定期给予一定的经济支持和财物帮助。

老年法庭的法官克服老年当事人年龄偏大、行动迟缓和说话唠叨给工作带来的困难，凭着丰富的工作经验、耐心细致的工作作风和自己也是老年人的身份，妥善办理涉老案件，及时维护老年人的合法权益。2014年，法庭办结涉老案件153件，其中调解98件，撤诉37件，调撤率高达近90%，且无一起上诉及涉诉信访案件，真正做到案结事了。许多老人经老年法庭法官的解释、劝说、教育，对退花还林、三改一拆等工作由原来的坚决反对变成了大力支持，为当地政府的民生实事工程提供了有力的司法保障。为此，老年法庭的工作也受到了当地党委、政府的充分肯定。

（二）西店法庭的法暖外口法庭

随着我国经济的飞速发展和户籍制度的逐步变化，人口流动成为常态，大批农民开始进入城市务工，形成了数量庞大的外来务工人员。在此形势下，如何正确把握和积极应对外来务工人员司法需求，主动参与和创新对外来务工人员的服务与管理，已成为人民法院面临的重要任务。西店法庭位于宁海县北部，辖区面积102平方公里，本地人口4.3万余，外来人口4.5万。针对辖区内外来务工人员多、劳务纠纷频发等问题，西店法庭创建“法暖外口”特色法庭，通过打造“普法之家”“和谐之家”“绿色之家”，重点为外来务工人员群体提供司法服务，树立“司法为民、公正司法”的良好形象。

其一，开展法律宣传，营造“普法之家”。为切实提升外来务工人员的维权意识和维权能力，法庭设立外口司法服务点，并开展法律宣讲、“法庭开放日”等针对性强、形式丰富的法律宣传活动，让外来务工人员了解相关法律和诉讼流程。三八妇女节前夕，西店法庭走进宁波俊均包装有限公司，为70余名外来务工妇女提供法律咨询。

其二，正确引导维权，建设“和谐之家”。一是建立“周二有约”法官联村制，畅通对话渠道，给予外来务工人员充分的诉求表达机会；二是与相关部门开展大联调，加大诉前调解力度，诉前无法解决的积极引导立案审理；三是设立巡回审判点，通过典型案件的巡回审判，引导外来务工人员正确维权。

其三，畅通诉讼渠道，营建“绿色之家”。为及时维护外来务工人员的合法权益，法庭为他们开辟绿色通道，如放宽立案条件，实施“优先立案、优先调解、优先审理”的快捷办案流程，为经济困难的外来务工人员减免诉讼费等，让其在合法权益的范畴“知道打官司，打得起官司，打得赢官司”。

通过创建“法暖外口”特色法庭活动，2014年共接待外来务工人员200余人，提供法律咨询80余件，大联调成功调处涉外来务工人员案件26件，受理涉外来务工人员案件56件，已为外来务工人员申请缓交诉讼费28108元，免除诉讼费8850元，有效维护了辖区内外来务工人员的合法权益。

四、服务经济：三新法庭和服务大市场的小法庭

（一）骆驼法庭的三新法庭

镇海区法院骆驼法庭由于辖区内机械制造业、化工等企业密集，外来务工人员与本地人口比例接近6∶4，人口出现“倒挂”现象，外来务工人员作为“新镇海人”，成为开放建设的生力军。与此同时，涉“新镇海人”诉讼案件持续增加，2013年镇海区法院涉“新镇海人”案件占收案总数的33.2%。涉“新镇海人”民事案件呈现出调解难、诉讼代理少、当事人法律意识薄弱、法律素养低等特点，显示出外来务工人员对职业保障和安全保障、诉讼程序便利以及司法公正等的权益保障和司法需求越来越迫切。镇海区法院骆驼

法庭积极顺应外来务工人员快速发展的新形势，充分发挥审判职能，积极推动对外来务工人员的管理模式创新，创建以“新理念、新举措、服务新镇海人”为特色的“三新法庭”。其创新做法包括：

其一，深化理念，找准参与创新外来务工人员社会管理切入点。树立公平保护、全方位保护和便利诉讼等理念，强化能动服务意识，延伸司法触角，立足外来务工人员特殊时期的特殊性，将便民与关怀作为骆驼法庭服务外来务工人员的永恒主线，实现外来务工人员与常住人口司法上同等对待、同等处理，禁止地域性歧视，让外来务工人员感受到与本地人“法律同城待遇”。

其二，创新举措，实现对外来务工人员的全方位司法保障。一是强化司法便民措施，在立案、引导、咨询、代书、缴费、送达以及法律释明、申请执行等各个环节上贯穿诉讼服务，构建便捷的程序保障机制。二是拓展巡回审判机制，加强外来务工人员巡回审判联系点建设，形成法庭、联系点、联络员三位一体的便民诉讼服务网络。三是完善诉讼救济机制，启动司法“绿色通道”，强化外来务工人员司法救济，对符合救助条件的，及时启动司法救济程序，缓、减、免诉讼费。四是配合刑庭等部门做好外来务工人员判后回访工作，加强与综治中心、社区矫正机构的沟通联系，加强对辖区内未成年犯、缓刑犯的帮教力度，帮助他们尽早回归社会。

其三，提升水平，着力参与社会管理服务于新镇海人。一是参与大调解体系建设，注重外来务工人员的亲缘、地缘和业缘关系，有效发挥亲属、同乡、同事、朋友等群体化解矛盾的作用。发挥劳动争议四方联动调解机制作用，促进工会调解、人民调解、仲裁调解、司法调解无缝对接。二是参与外来务工人员维权建设，在蟹浦镇、九龙湖镇等地建立外来务工人员法律援助联络点，方便外来务工人员法律维权。深入外来务工人员聚集地，发放法制宣传资料，开展法律咨询，以案讲法，大力开展庭审示范观摩。三是创新载体，开展“法制班主任”活动，法庭的青年法官与外来务工人员子弟学校班级结对，围绕法制宣传、学业辅导、亲情陪伴、自护教育、爱心捐助等内容，全力打造以外来务工人员子女为关爱对象的法制宣传教育特色品牌，以良好的司法文化参与外来务工人员文化建设，使外来务工人员及其子女能与当地人尽快融合，调动其参与城市建设、发展的积极性。

打造三新法庭是骆驼法庭创新参与社会管理，充分发挥审判人员主动性、积极性、创造性而开展的特色法庭创建工作。三新法庭活动开展以来，涉外来务工人员案件调撤率明显提高，由 2013 年的 37.1%上升至 2014 年的 58.7%。辖区外来务工人员上访、闹访及群体性讨薪事件数量明显减少，审结的全部案件中无涉诉信访案件，有力支持了地方经济发展，得到了社会各界的广泛关注和一致好评，骆驼法庭也由此荣获了 2014 年镇海区创建"群众满意基层站所（服务窗口）"先进单位荣誉称号。

（二）小港法庭的服务大市场的小法庭

小港法庭位于宁波市北仑区，其辖区是改革开放后全国最早的 14 个沿海开发开放区域之一，工业经济活跃，拥有海天、东方、球冠、贝发、成路等自主品牌行业龙头企业，宁波联合集团总部、青峙精细化工园及 2 项宁波市"百亿工程"亦坐落其中。小港法庭案件以商事案件为主，涉企业、涉进出口案件大量出现，本着司法服务国内、国际两个市场的理念，打造以"践行市场理念、服务两个市场"为主题的服务大市场的小法庭，着力维护辖区市场经济秩序，创造诚信经营环境。

其特色工作包括：

其一，深入开展司法保障市场经济发展的调研工作。为了探索司法服务市场、保障经济发展的路径，法庭结合审判实际，深入开展了多项专题调研，先后完成了《关于进出口代理纠纷的调研》《能动司法视野下社区型金融机构的风险管理路径》《国际强港建设的法治保障研究——以宁波"以港兴市"实践为样本》等多篇关注司法对市场经济发展服务保障功能的论文和调研报告，陆续在《浙江审判》《宁波法学》《宁波审判研究》等期刊上发表，并在宁波市以及法院系统多次获奖。

其二，与辖区商会合作打造“诚信滨江”。法庭与辖区内的小港街道商会、戚家山街道商会共同合作，开展共建“诚信滨江”活动，主要内容包括以下几个方面：一是建立“三套机制”，即失信反馈机制、风险预警机制、监督评价机制；二是狠抓“四个环节”，即管理环节、交易环节、社会责任环节、诉讼维权环节；三是着力“五项措施”，即商会参与调解、法律风险讲座、发布司法建议、搭建诚信评价平台、公布失信黑名单。通过以上措施，企业失信或违约纠纷明显减少，法庭2014年度受理的涉企商事案件较2013年度显著减少，同比下降17.5%。

其三，走访中小企业，开展“企业法律风险应对”讲座。一是不定期随案走访与定期走访相结合，着重走访辖区中小企业，深入生产经营一线，了解企业生产经营困惑、法律风险，提出司法建议。二是开展“企业法律风险应对”主题讲座活动，由庭长或资深审判员定期为辖区内企业的管理人员开设讲座，针对审判实践中发现的外贸企业、生产企业生产经营中存在的典型隐患，以生动的案例，在轻松的氛围中讲解法律知识，强化相关人员的法律意识、证据意识。至今已开展“企业法律风险应对”讲座10次，听课人数超过1500人次。

后　记

改革开放以来，浙江省先后作出依法治省和建设法治浙江的决定，沿着法治浙江建设道路砥砺前行，走出了一条经济发达地区法治先行的路子。为了反映法治浙江建设的生动实践，为全面深化法治浙江建设积累经验，浙江省社科联策划出版《“法治浙江”丛书》，并积极组织我校法学院和有关实践部门的人员进行该套丛书的编撰工作。

本书作为《“法治浙江”丛书》的一本，从筹划、调研到写作到历时将近一年。在浙江省社科联及学校和学院的组织筹划下，确定书稿选题、主要内容和写作大纲，经几次审核和修改完善，最终定稿。对浙江省社科联不遗余力的支持和付出，在此致以诚挚的谢意。此外，在本书的资料收集和写作过程中，得到了浙江省高级人民法院研究室张纵华法官、宁波市中级人民法院监察室孙飞虎副主任等司法实践部门同志的大力支持和帮助，在此一并表示感谢。

囿于时间和篇幅，我们在写作程中只能选取浙江法院在司法改革中一部分比较具有代表性的探索和实践，对各地法院的改革举措也仅仅是片段性的、浮光掠影式的撷取和介绍，难以全面展现浙江30年来司法改革的全貌，也难以充分反映各地法院的典型经验，恳请谅解。同时由于我们水平和实践经验有限，本书难免存在着许多不足之处，敬请读者批评指正。

作　者

2015年12月